BILL GATES

In His Own Words

Agate Publishing, Inc.

本人自らの発言だからこそ見える真実

ビル・ゲイツの生声《なまごえ》

リサ・ロガク＝編　西川知佐＝訳

文響社

生声とは

生声《なまごえ》とは、
その人物がインタビューや書簡、
自身の著作物などで発した
ありのままの言葉である。

本シリーズは、
世界に影響を与える人物の素顔と、
その哲学の核心を、第三者による脚色がない、
純度の高い言葉を通してお届けする。

序章

ビル・ゲイツとは、とかく世間における好き嫌いが分かれる存在であり、その評価はさまざまだ。それでも１９８１年にマイクロソフト社の「ＭＳ―ＤＯＳ」を完成させて以来、30年以上にわたって世界屈指のビジネス界の象徴的人物であり続けてきたのは確かだろう。

ゲイツの批判者であっても、彼が独創的な空想家、暴君、狡猾なビジネスマンなどと呼ばれては、いつだって衆目を浴びる存在であることを否定することはできない。１９７０年代には親しみにくい存在であったコンピュータ技術を誰でも使える道具へと変え、現代史に残る偉大な革命を成し遂げたことで人々に雇用と富をもたらした……それこそが、よく知られた初期のゲイツである。そんな世界有数の大金持ちであり、物議を醸す創業者・CEOでもあったゲイツの言葉やビジネス戦略を参考に、自ら会社を立ち上げ成長させてきたビジネスパーソンも多い。

2008年、マイクロソフト社の第一線から退いたゲイツは、「ビル&メリンダ・ゲイツ財団」の活動に専念するようになる。すると、それまでの徹底したビジネスライクな姿勢から打って変わって、穏やかで優しい一面を垣間見せるようになり、今度は世界各地で慈善事業を行う人々が――プロとして事業に専念する人から、片手間に活動する人までも――財団を支える彼の姿に注目するようになった。

このように、世界有数の大企業の経営者でなくなっても、ゲイツはいつだって話題の中心にいる。友人であるロックバンドU2のボーカルのボノや伝説の投資家ウォーレン・バフェットと慈善活動のパートナーシップを結んだかと思えば、ビル・クリントン元大統領とハイチ地震での被災地支援に対する連邦政府の補助金を増やすように訴え、サンダンス国際映画祭では公教育改革の重要性も主張した。ボーダレスに活躍するほど、ゲイツのチャリティー活動への人々の関心は高まっていくのだった。

またマイクロソフト時代には企業秘密の保護を任されていたゲイツも、現在ではFacebookやTwitterを頻繁に更新し、TheGatesNotes.comにブログを投稿しては、その私生活を以前よりもずっとオープンにしている。

ビル・ゲイツの第二幕は、第一幕に勝るとも劣らずにパワフルなものだ。彼の私生活に興味がある人、または彼の姿からビジネスに役立つヒントを得たいと考えている人こそ、これからご紹介していくゲイツの言葉を知ってほしい。

そこから彼の人となりを垣間見たり、ビジネスで活かせる知恵を得たりすることができるはずだからだ。

PART 1 切り拓く

1984-1995

PART 2
前進
1996-1999

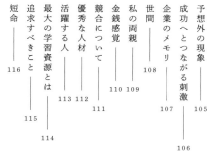

PART 3
成熟
2000-2008

PART 4
未来へ
2009-2020

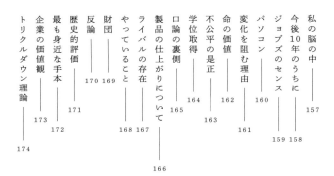

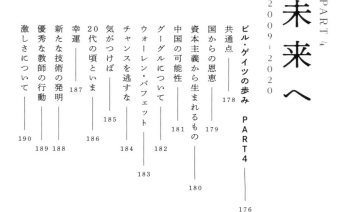

CONTENTS

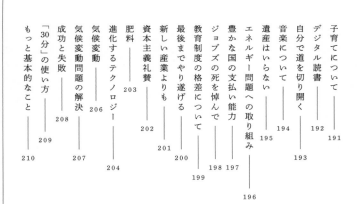

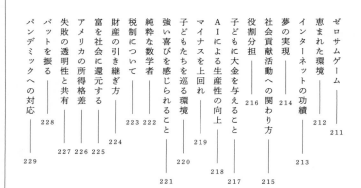

PART 1

1984-1995

切り拓く

シアトルで生まれ育ち、12歳で初めて
コンピュータに触れたゲイツ。
学生時代の仲間とマイクロソフトを
立ち上げ、困難にも対しながら
ビジネスを徐々に拡大していく。
また、長者の仲間入り、
メリンダ・フレンチとの結婚など、
自身の人生も大きく動き出していく。

ビル・ゲイツの歩み PART 1

1955 10月28日、米ワシントン州シアトルでウィリアム・ヘンリー・ゲイツ3世が誕生。

1967 レイクサイドスクールに入学。ここでポール・アレンと出会う。

1968 学校でテレタイプ社のASR-33端末を使い、コンピュータ言語のBASICでプログラムを書く。

1970 アレンとともにトラフォデータ社を設立し、交通パターンを解析するシステムを開発。

1973 ハーバード大学に入学し、法律を専攻。同じ寮に住むスティーブ・バルマーと友人になる。

1975 『ポピュラーエレクトロニクス』誌に掲載されたMITS社の Altair 8800 の記事に心奪われ、アレンとそのBASICを開発する。アルバカーキの同社に売り込み、契約に至る。

3年生で大学を中退。アレンとともにアルバカーキに移り住み、Micro-soft を立ち上げる。

1976 Microsoft を正式に商標登録する（注：「Micro-soft」からハイフンがなくなっている）。

コンピュータ愛好家らが違法コピーのBASICを使用・複製していることを知り、それらの行為は窃盗に当たると非難する公開状を書く（「ホビイストたちへの公開状」）。

1977
マイクロソフトとMITS社との契約が打ち切られる。さまざまな企業用にFORTRANをはじめとするプログラミング言語を書き、開発する。

アルバカーキにてスピード違反で逮捕される。

1978
マイクロソフト初の海外オフィスを日本に設立。マイクロソフトの年間売上高が100万ドルを突破。

1979
マイクロソフトがワシントン州シアトル近郊のベルビューに移転。

1980
マイクロソフトがIBMとソフト提供契約を締結。その内容は、翌年に生産・販売予定のIBM製コンピュータにDOSオペレーティングシステムソフトウェアを提供するというものだった。

ゲイツに誘われたバルマーが、ビジネスマネージャーとしてマイクロソフトに入社。

1981
マイクロソフトが正式に法人化される。ゲイツが取締役会長に、バルマーが販売・サポート担当の上級副社長に就任。ゲイツが53％、アレンが31％、バルマーが8％のマイクロソフト株を所有。

1981

8月、IBMパーソナルコンピュータが発売。

アップルコンピュータのスティーブ・ジョブズが、ゲイツとマイクロソフトに新たなコンピュータ「Macintosh」のソフトウェアの開発を依頼。

1983

アレンがホジキンリンパ腫と診断され、マイクロソフトを退社。

1984

1月、アップルがMacintoshを発売。

1985

マイクロソフトの従業員が910人、年間売上が1億4000万ドルとなる。

1986

マイクロソフトがワシントン州レドモンドに本社を移転。

1987

『フォーブス』誌が毎年発表する「フォーブス400（米国で最も裕福な400人）」に初ランクイン。

1988

アップルが、マイクロソフトがMacintoshのデザインを盗用したとして、ゲイツと同社を提訴。

1989
アートと写真を所有するデジタルアーカイブ「Corbis」を設立。
Microsoft Office が発売。ＷｏｒｄやＥｘｃｅｌなどの複数のソフトウェアがセットになっていた。

1990
Windows 3.0 が発売。驚異的な売れ行きで、マイクロソフトの年間売上が10億ドルに達する。
米連邦取引委員会（ＦＴＣ）が、マイクロソフトとＩＢＭによるＰＣ ＯＳ市場独占について調査を開始。

1992
個人資産63億ドルで、「フォーブス４００」の1位に。

1993
米連邦取引委員会が調査を終了。代わりに司法省の反トラスト局に照会することに。

1994
1月1日、メリンダ・フレンチとハワイのラナイ島で結婚式を挙げる。
「ウィリアム・Ｈ・ゲイツ財団」を設立。慈善活動を正式に開始する。

1995
Windows 95が発売。同時に、Ｗｅｂブラウザ「Internet Explorer」も導入される。
初の著書となる『The Road Ahead（ビル・ゲイツ、未来を語る）』を発表。
個人資産１２９億ドルで、初めて『フォーブス』誌「世界長者番付」の1位に。

新たな基準に必要なもの

（1984年、Macintoshが発売された年に）新たな基準を打ち立てる時には、単に少し違うだけでなく、まったく新しい何かが必要です。人々の想像力を掻き立てる何かが。Macintoshこそ、私が見てきたすべてのマシンの中で、唯一その基準を満たしているものなのです。

――スピーチ　1984年

To create a new standard, it takes something that's not just a little bit different; it takes something that's really new, and really captures people's imagination. And the Macintosh—of all the machines I've seen—is the only one that meets that standard.

すべてのプロセスが面倒に思えたし、上場してからも面倒なことが続いた。株価が業績を反映しないと人々は戸惑うが、株式トレーダーが最高経営責任者を呼び出して問いただすのは効率的ではない。車のパーツが運転手に車用潤滑油のことを聞いてはいけないように。

――『フォーチュン』誌　１９８６年７月21日

The whole process looked like a pain, and an ongoing pain once you're public. People get confused because the stock price doesn't reflect your financial performance. And to have a stock trader call up the chief executive and ask him questions is uneconomic—the ball bearings shouldn't be asking the driver about the grease.

選択

子どもがパソコンにはまったとしても、テレビを見るよりかはずっとましなはずです。少なくとも、その子は意識の中で何かを選択しているのです。

――『Programmers at Work: Interviews With 19 Programmers Who Shaped the Computer Industry』 1986年出版

If a kid is addicted to a personal computer, I think that's far better than watching TV, because at least his mind is making choices.

真に優れたソフトウェアとは、一個人がそのプログラムがどう機能するか完全に理解できるものです。そのためには、そのプログラムを心から愛し、驚くほどシンプルに保つように集中しなければならないのです。

――『Programmers at Work: Interviews With 19 Programmers Who Shaped the Computer Industry』 1986年出版

The finest pieces of software are those where one individual has a complete sense of exactly how the program works. To have that, you have to really love the program and concentrate on keeping it simple, to an incredible degree.

楽しい場所

概して、クリエイティブな人々は互いに協力し合うことを好むものです。そのため彼らが心地よく働けるような雰囲気を作り出せば、自ずとポジティブな勢いが出来上がります。ここには大金持ちがたくさんいて、私たちは、この場所を本当に楽しい場所にしておかなければなりません。楽しくなければ、みんなここから去って、ほかのことをしてしまいますからね。

――『Success Magazine』誌　1988年10月

Generally, creative people like to work with each other. You have to make sure you're encouraging an atmosphere where the creative people feel comfortable, so you get positive momentum. A lot of people here have become very wealthy. We have to keep the place really fun. Otherwise, they have the freedom to go off and do other things.

マイクロソフトでは、製品を作るのが上達するほど昇進していく仕組みになっています。重要なのは、手本を示すこと。うまくいったプロジェクトがあれば、関わったスタッフをヒーローとして扱うのです。そうすれば周囲の人間は、彼らのようになろうと努力するようになります。

――『Success Magazine』誌　1988年10月

The way our ladder works, you can keep getting promoted to new levels just by being better at creating the product. It's important to set examples. When something works out, you take the guys involved in that project and you make them heroes. You let everyone know that people should strive to be like them.

競合他社との違い

競合他社が飛行機を購入して
遊び回っているのを尻目に、
私たちはほぼすべてを会社に
捧げてきた。

――『Seattle Business Journal』紙　1991年

Instead of buying airplanes and playing around like some of our competitors, we've rolled almost everything back into the company.

開拓者

私は、さしずめ開拓者だった。「さあ、現実の世界に働きかけて、何か売り込んでみよう」と言い出すタイプの人間だった。

――ジェームズ・ウォレス、ジム・エリクソン共著『Hard Drive』１９９２年

I was the mover. I was the guy who said, "Let's call the real world and try to sell something to it."

普通であること

私はできるかぎり普通であろうとした。

――ジェームズ・ウォレス、ジム・エリクソン共著『Hard Drive』1992年

I tried to be normal the best I could.

全力で取り組めば、なんだってできる。

――ジェームズ・ウォレス、ジム・エリクソン共著『Hard Drive』１９９２年

I can do anything I put my mind to.

一度決断したら

過去を悔やんでいる暇などありません。もう決断したのなら、迷いは一切捨て去るべきなのです。(中略)覚悟を決めて前向きな姿勢で取り組むことこそ、うまくやるために欠かせない要素なのです。

――『フォーブス』誌　1994年2月28日

I don't waste much time ruing the past. I made my decision, and the way to do it best is, once you make it, you just don't waver at all.... Being hardcore and forward looking about what you do is a necessary element of doing it well.

恐怖心とは、あなたを導くものですが、それは潜在的なものでなければなりません。私も潜在的な恐怖心を持っていて、常日頃から失敗についてよく考えています。

――『Playboy』誌　1994年7月

Fear should guide you, but it should be latent. I have some latent fear. I consider failure on a regular basis.

資本主義の力

資本主義には、最も成功した企業にさえも緊張感を強いる力があります。人々はその力の有効性を過小評価していて、正しく気づけていません。

――『Playboy』誌　1994年7月

People underestimate how effective capitalism is at keeping even the most successful companies on edge.

優れた組織とは、関係者が深く関わっているものです。それはどんな努力にも言えることでしょう。

私は人を批判しません。アイデアを批判するのだ。時間の無駄に感じられたり、不適切だと思ったら、すぐに指摘します。その場で、リアルタイムに。だから会議中にもしょっちゅう「そんなばかなアイデア、聞いたことがないよ」なんて発言したりするのです。

――『Playboy』誌　1994年7月

Great organizations demand a high level of commitment by the people involved. That's true in any endeavor. I've never criticized a person. I have criticized ideas. If I think something's a waste of time or inappropriate I don't wait to point it out. I say it right away. It's real time. So you might hear me say, "That's the dumbest idea I have ever heard" many times during a meeting.

訴訟に対する反論

（米政府によるマイクロソフトに対する独占禁止法訴訟について）私たちは何も悪いことはしていない。これは厳然たる事実だ。

――『Playboy』誌　1994年7月

The hard-core truth is that we've done nothing wrong.

頭のよさとは

頭のよさとは、新たな事実を吸収できる能力のことだ。ある状況に新たに入って行って、何かを説明されたらすぐに「じゃあ、これはどうなんだ」と言えること。本質を捉えた質問ができること。すぐに吸収できること。記憶できること。一見関係なさそうな分野でも関連づけができること。

――『Playboy』誌 1994年7月

Smartness is an ability to absorb new facts. To walk into a situation, have something explained to you, and immediately say, "Well, what about this?" To ask an insightful question. To absorb it in real time. A capacity to remember. To relate to domains that may not seem connected at first.

大切なものに触れる

大切なものに触れないようになれば、人はすぐにだめになってしまうものだ。私は誰かに待たれるのも嫌だし、走り回りたい。
ユニークな生き方というのは奇妙な感じがするものでしょう。

――『Playboy』誌 1994年7月

It's easy to get spoiled by things that alienate you from what's important. I wouldn't want to get used to being waited on or driven around. Living in a way that is unique would be strange.

遺産

（子どものために残す遺産について）

とんでもない額のお金は
混乱を招くだけ。

――『Playboy』誌　1994年7月

Ridiculous sums of money can be confusing.

結婚についての考え方

なんとメリンダは私を結婚する気にさせてしまった。これはもう私にとって、本当に信じられないようなことでしたよ！　それまでの私が抱いてきた結婚についての合理的な考え方に、ことごとく反していたんですからね。

──『Playboy』誌　1994年7月

Amazingly, [Melinda] made me feel like getting married. Now that is unusual! It's against all my past rational thinking on the topic.

ファストフード

私は人一倍マクドナルドを食べていますが、それは私が料理をしないからです。(中略)私ほど、ファストフードとファストフードの文化を深く理解している人間はいないでしょうね。

――『Playboy』誌 1994年7月

I eat at McDonald's more than most people, but that's because I don't cook ... In terms of fast food and deep understanding of the culture of fast food, I'm your man.

私がビジネスに割くのは思考の10%くらいだ。ビジネスはそれほど複雑なものではなく、名刺に書くようなことでもないからです。私は科学者です。自分をごまかしているのでなければ、ですが。例えば、クリックやワトソンなどの偉大な科学者がどのようにDNAを発見したかについて読むと、とても楽しい気持ちになったりしますがビジネスが成功した話には全く心躍りません。仮に私がどこかの段階で2年間ビジネススクールに行けたとしても、それでマイクロソフトがよりよくなったりはしないでしょうね。

――『Playboy』誌　1994年7月

I devote maybe ten percent to business thinking. Business isn't that complicated. I wouldn't want to put it on my business card. [I'm a] scientist. Unless I've been fooling myself. When I read about great scientists like, say, Crick and Watson and how they discovered DNA, I get a lot of pleasure. Stories of business success don't interest me in the same way. Say you added two years to my life and let me go to business school. I don't think I would have done a better job at Microsoft.

自分に規律を課す

なぜ飛行機を持たないのか？　そう聞かれることがあります。なぜか？　人はそういったものに慣れてしまいがちで、それはよくないことだと思うからです。普通の体験から遠ざかり、自分が弱くなってしまう。だから私は、そういうことは意図的にコントロールし、規律のようなものを設けているのです。規律が崩れれば、私は混乱に陥ってしまうでしょうね。だから、そうならないように自分なりに手を打っているんだ。

――『Playboy』誌　1994年7月

Some people ask me why I don't own a plane ... Why? Because you can get used to that kind of stuff, and I think that's bad. It takes you away from normal experiences in a way that is probably debilitating. So I control that kind of thing intentionally. It's one of those discipline things. If my discipline ever broke down it would confuse me, too. So I try to prevent that.

業界でのポジション

日進月歩で常に変化するＩＴ業界では、誰のポジションも保証されません。（中略）私たちも、いまいるポジションをほかと比べてもとても気に入っていますが、だからと言って絶対にい続けられるなんて思っていません。

——InfoWorld　１９９４年11月21日

[IT is] a fast-moving industry and no one has a guaranteed position ... I like our position better than others, but it's not in any sense guaranteed in any way.

品質と納期の関係

（納期にまつわる質問に対して）
品質を守ろうとすれば、納期を守れなくなることだってあります。

――InfoWorld　1994年11月21日

If you take quality as a given, you are always going to have some uncertainty in the date.

私たちはいつだって、自分たちのペースを案じていました――他社の先に立ち続けているのか、と。2、3年もすれば、私たちの製品はどれも時代遅れになることは分かっていますし、また競争の激しい業界では誰もが私たちのやってきたことに取って代わろうとしているのです。それでも私たちは成長しながら、新たなアイデアを取り入れ続けようとしています。

――InfoWorld　1994年11月21日

We're always worried about keeping our pace—staying ahead. We know all our products will be obsolete two or three years from now and that it's a very competitive industry where everybody wants to replace things we've done, and yet we're trying to grow and bring in new ideas.

自己満足への戒め

誰かが自分を捕まえに来るだろうと、常に考えておかなければならない。

――『Showstopper!: The Breakneck Race to Create Windows NT and the Next Generation at Microsoft』１９９4年出版

You always have to be thinking about who is coming to get you.

賢い人なら、十分な事実があればなんでも解明できるものだ。

――『Showstopper!: The Breakneck Race to Create Windows NT and the Next Generation at Microsoft』１９９4年出版

Smart people ought to be able to figure anything out if they get enough facts.

トップでい続けるために

私たちには、当時の巨人たちが見逃していたアイデアがあった。私たちは、トップでい続けるために何を逃してきたのか常に考えている。

――USA Today　1995年8月24日

We had ideas that the giants of the time missed. We're always thinking about what we have missed that could keep us on top.

エコノミークラスの方がお得です。ファーストクラスと同じ速さで、目的地に到着できる。それに、私の体のサイズにも合っていますしね。もし体格がずっとよかったり、背がとても高かったりすれば、こんなふうには感じていないでしょうが。

——The New York Times News Service/Syndicate
1995年8月29日

[Flying coach] costs less money. You get there just as fast as flying first-class. And my body fits. If I was really wide or really tall, I might view the issue differently.

若き日々

当時はとにかく「仕事」が第一だった。たまに映画を見に行くことがあっても、帰ってきたら、さらに仕事をするような生活を送っていた。来客があっても、疲れ切っていて客の前で眠りこけるような状態だった。社内会議には、床に寝転んで参加したものだった。そっちの方が、名案が浮かびやすいからね。でも、そうしていると知らぬ間に眠ってしまった。

——CNN Money / Fortune 1995年10月2日

Life for us was working and maybe going to a movie and then working some more. Sometimes customers would come in, and we were so tired we'd fall asleep in front of them. Or at an internal meeting I'd lie down on the floor, because I like to do that to brainstorm. And then I'd just fall asleep.

「マイクロソフトはどれほど成長すると思うか？」と聞かれても、ポール（・アレン）と私は、１００人いれば世界中すべてのソフトウェアを書けるだろうと考えている程だった。もし誰かから「いや、いつかはその数字が５０００人以上になるよ」なんて言われても、私たちはただ首を横に振るだけだっただろう。

――CNN Money / Fortune　１９９５年　10月２日

If you had asked me at any point how big Microsoft could be, Paul [Allen] and I once thought we could write all the software in the world with one hundred people. If you had told us that someday we would have more than five thousand people writing software, we would have just shaken our heads.

対内認識

マイクロソフトはまったく異なる対外認識と対内認識を持っている。自分たちは負け犬だという認識を常に抱いているんだ。

――CNN Money / Fortune　1995年10月2日

The outside perception and inside perception of Microsoft are so different. The view of Microsoft inside Microsoft is always kind of an underdog thing.

私は質疑応答のセッションが好きだ。そのやり取りを通じて、人々が何に興奮し、何に憤っているか知ることができるからだ。

――Industry Week 1995年11月20日

I like question-and-answer sessions because they allow me to get a sense of what people are excited about and what they are upset about.

少数精鋭

サイズというのは、基本的に優秀さに反するものだ。マイクロソフトの仕事は長いこと、少数精鋭のグループのサポートあってのものだった。会社が成長していくうちに、私たちは組織の中に組織を持つことに取り組み続けてきた。チームを小さく留めることで、効果的なコミュニケーションが可能であり、また大きな構造に阻まれて身動きが取りにくくなることもない。

――Industry Week 1995年11月20日

Size fundamentally works against excellence. Microsoft has long been an aggressive supporter of small, focused work groups. As the company has grown, we have continually worked to have an organization within an organization. Small teams can communicate effectively and aren't encumbered by a big structure slowing them down.

マイクロソフトでは、起業家精神に溢れた考え方がいまでも息づいている。私たちの大きな目標の1つに、自分たちを作り変えていくことがある。——他社の製品ではなく、自分たちの製品に取って代わるものを生み出し続けなければならないのだ。

——Industry Week 1995年11月20日

The entrepreneurial mindset continues to thrive at Microsoft because one of our major goals is to reinvent ourselves—we have to make sure that we are the ones replacing our products instead of someone else.

人材の多様性

何よりも重要なのは、様々な国の優秀な頭脳が一緒に働ける環境です。私たちは数学、科学、創造力、そして文化について深い知識を持つ熟練した外国人労働者がいるからこそ、世界市場向けに製品をローカライズできているのです。

――The New York Times News Service/Syndicate
1995年12月20日

It's absolutely critical that we have an environment in which great minds from many countries can work together. We rely on skilled foreign workers for their math, science, and creative abilities as well as their cultural knowledge, which helps when localizing products for world markets.

私たちの成功は、最初から
パートナーあってのもの
だった。

――『The Road Ahead』　１９９５年

Our success has really been based on partnerships from the very beginning.

到達点

私たちは適切な時に、適切な場所にいた。誰よりも先にそこに到達できたのだ。

『The Road Ahead』1995年

We were in the right place at the right time. We got there first.

コンピュータが素晴らしいのは、それを使って作業している時に、プログラムがうまくいったかどうかすぐに結果を知らせてくれる点にある。ほかのものからは、このような形のフィードバックはちょっと得られない。

――『The Road Ahead』 1995年

Computers are great because when you're working with them you get immediate results that let you know if your program works. It's feedback you don't get from many other things.

いま生きているこの時代

私は楽観主義者だ。いま、私たちは素晴らしい時代を生きていると思っている。以前は不可能だったことを可能にする機会が、これほどまでに多く存在したことはないのだから。

――『The Road Ahead』1995年

I'm an optimist. I think this is a wonderful time to be alive. There have never been so many opportunities to do things that were impossible before.

PART 2

1996-1999

前進

移ろいの激しいＩＴ業界にあって、
数々の難局を乗り越えながら
巨大企業となったマイクロソフト。
ゲイツは、自身は会長兼ＣＥＯに
留まりつつ、
社長にスティーブ・バルマーを任命する。
公私ともに階段を駆け上がるゲイツ。
彼は何を考え、何を見ているのだろうか。

ビル・ゲイツの歩み　PART 2

1996
長女ジェニファー・キャサリンが誕生。
昨年に引き続き、『フォーブス』誌「世界長者番付」の1位を堅持。以降、首位や上位に名を連ねる常連となる。
Internet Explorer 3.0 が発売。
ブラウザなどを開発していたネットスケープ社が、マイクロソフトの Internet Explorer の配布方法が独占禁止法に反する疑いがあると司法省に書簡を送付。

1997
7年間の建設期間を経て、メディナのワシントン湖畔に6万6０００平方フィートの大邸宅を完成させ、家族と移り住む。建設費は推定９７００万ドル。

1998
Windows 98が発売。
マイクロソフトの社長にバルマーが就任。
司法省と20の州がマイクロソフトを反トラスト法違反の疑いで提訴。

1999
長男ロリー・ジョンが誕生。

2冊目の著書『Business @ the Speed of Thought（思考スピードの経営：デジタル経営教本）』が25か国語で出版される。

競合相手とは言えないほど、私たちの分野とは全く異なる分野にいる存在であっても、彼らが何をやっているか理解したいと思います。

――The New York Times News Service/Syndicate 1996年2月19日

We try to understand what other people are doing, even if their apparent mission is so distant that it is not obvious competition.

会議に対する姿勢

会議に出る時には、具体的な目標を定めてから参加するようにしています。特に気心の知れた同僚となら、世間話もほとんどしない。損失についてや、どこの経費が高すぎるかなどを話し合ったら、それで終わり。いつだって仕事は山積みで時間は足りない。なら無駄なことなんてしている暇はないはずです。

――The New York Times News Service/Syndicate
1996年2月19日

When I go to a meeting, I keep specific objectives in mind. There isn't much small talk, especially if I'm with colleagues I know well. We discuss accounts we lost or where overhead is too high, and then we're done. Bang! There are always more challenges than there are hours, so why be wasteful?

企業の見方

私たちは、企業がうまくやっていることだけでなく、うまくできていないことにも重点を置いています。多くのことが完璧ではないからといって、取るに足らない企業などと断じたりもしません。その企業は何か重要なことを手がけながら、その重要性に気づいていないだけかもしれない。

——The New York Times News Service/Syndicate
1996年2月19日

We focus on what companies do well as opposed to what they do poorly. We don't dismiss a company as unimportant just because a lot of things about it may be less than perfect. The company may be doing something important; it may not even know that it is important.

私たちは何日だって徹夜した。4、5人の仲間が集まると、数日間ぶっ通しでプログラミングをすることもあった。腹が減るとみんなで一緒に車に乗り込んで、レストランまで一っ走りし、店のテーブルに着くとその時にやっている仕事について話し合った。食事すら忘れるほど議論が白熱することもしょっちゅうだった。その後も仕事場に戻って、プログラムを続けた。
そんな仲間との日々は、とても楽しいものだった。

――テレビドキュメンタリー『Triumph of the Nerds』
1996年6月

We didn't even obey a twenty-four-hour clock. We'd come in and program for a couple of days straight ... four or five of us, when it was time to eat we'd all get in our cars, kind of race over to the restaurant and sit and talk about what we were doing. Sometimes I'd get excited talking about things, I'd forget to eat, but then you know, we'd just go back and program some more. It was us and our friends—those were fun days.

IBMの影響力

IBMがこの業界に与えた影響力の大きさは、忘れられがちだ。この業界に入ってきたばかりの人たちと話をしていても、彼らにそのことを理解させるのは不可能だ。でも、かつてはそんな時代だってあったのだ。

――テレビドキュメンタリー『Triumph of the Nerds』1996年6月

It's easy for people to forget how pervasive IBM's influence over this industry was. When you talk to people who've come into the industry recently there's no way you can get that into their heads. That was the environment.

文化の衝突こそが、ＩＢＭとマイクロソフトの関係だった。ＩＢＭがキッチリとした組織人の集まりなら、マイクロソフトは根っからのハッカー集団。ＯＳ／２の開発がきっかけでそのひずみが表面化していった。

――テレビドキュメンタリー『Triumph of the Nerds』１９９６年６月

The relationship between IBM and Microsoft was always a culture clash. IBMers were buttoned-up organization men. Microsoftees were obsessive hackers. With the development of OS/2, the strains really began to show.

私たちは、IBMがソフトウェアを売り込み、マイクロソフトが開発を行うという組み合わせがベストだと考えてきた。だから彼らが私たちと袂を分かち、自分たちの道を進むと決めた時にようやく「よし、自分たちだけの力でやっていこう」と決心することができた。もちろん、それは心底恐ろしいことだった。

――テレビドキュメンタリー『Triumph of the Nerds』1996年6月

We always thought the best thing to do was to try and combine IBM promoting the software with us doing the engineering. And so it was only when they broke off communication and decided to go their own way that we thought, "Okay, we're on our own," and that was definitely very, very scary.

オタクというのが、夜遅くまで何時間もコンピュータ作業にふける人という意味なら、それこそ私のことでしょう。私は、オタクだ。そう呼ばれても気分を害したりはしません。でも、私はポケットプロテクターを使ったことがないので、真の「オタク」ではないかもしれませんね?

―― The New York Times News Service/Syndicate 1996年8月4日

If being a nerd means you're somebody who can enjoy exploring a computer for hours and hours late into the night, then the description fits me, and I don't think there's anything pejorative about it. But here's the real test: I've never used a pocket protector, so I can't really be a nerd, can I?

考える時間

人は、いろいろなことを考える時間を持たなければならない。

――Advertising Age　1996年9月23日

People must have time to think about things.

自分が出したアイデアが誰にも笑われないようなら、それはクリエイティビティが足りないのでしょう。

——The New York Times News Service/Syndicate
1996年10月9日

We tell people that if no one laughs at at least one of their ideas, they're probably not being creative enough.

いまでも、プログラミングができる人をうらやましく思ったりします。マイクロソフトでプログラミングをしなくなった頃には、会議で「今週末に出社して、自分で書こうかな」なんて冗談半分で言ったものです。もうそんなことを口に出しませんが、たまに考えてしまいますね。

――The New York Times News Service/Syndicate
1996年10月9日

Sometimes I envy people who still get to program. After I stopped programming for Microsoft, I used to say half-jokingly in meetings: "Maybe I'll come in this weekend and write it myself." I don't say that anymore but I think about it.

いまでも、お金を稼ぐことそのものに興味を持っているわけではありません。もし、「仕事」と「巨万の富」のどちらかを選ばなければならないのなら、「仕事」を選びます。銀行口座に大金を貯めることよりも、何千人もの有能で聡明なチームを率いることの方がずっとワクワクすることですからね。

——The New York Times News Service/Syndicate
１９９６年10月27日

Even today, what interests me isn't making money per se. If I had to choose between my job and having great wealth, I'd choose the job. It's a much bigger thrill to lead a team of thousands of talented, bright people than it is to have a big bank account.

人を信じる

職場でゲームをする人もいれば、鉛筆で落書きする人もいる。でも、落書きをするからといって、鉛筆を取り上げたりするのでしょうか？そのような方法で労働力を管理することなどできやしません。そんなの現代的な方法ではないし、まずは人を信じるべきなのです。

——The New York Times News Service/Syndicate
1996年11月4日

People do play computer games at work, but they also doodle with pencils. Do you take away their pencils? That's not the way a modern workforce is managed. You've got to trust people.

私たちは、自分たちがうまくいっていることについて、時間をかけて話し合ったりしません。それは私たちの文化ではないのです。会議ではいつだって「7つのカテゴリーでは勝ったけれど、8つ目のカテゴリーはどうだろう？」というふうに話が展開していきます。

——『Newsweek』誌　1996年12月1日

We never waste a lot of time talking about what we're doing well. It just isn't our culture. Every meeting is about "Sure, we won in seven of the categories, but what about that eighth category?"

仕事仲間

いつだって親しい仕事仲間がいることは分かっていた（中略）何が起ころうが、彼らとは一緒に成長できると思っていた。分析などで、そう思ったのではない。ただ、それが自分自身の一部であると早い段階から決めていたのだ。

――『TIME』誌　1997年1月13日

I always knew I would have close business associates ... that we would stick together and grow together no matter what happened. I didn't know that because of some analysis. I just decided early on that was part of who I was.

ポールと私は、真のパートナーだった。毎日のように何時間も話し込んだものさ。いまだって2人で、子どもの頃の空想がどう実現したかよく話ししたりするよ。

――『TIME』誌 1997年1月13日

[Paul and I] were true partners. We'd talk for hours every day. [Today] we like to talk about how the fantasies we had as kids actually came true.

成功に必要なもの

IQが様々な場面で有用なものだとは、以前ほど考えないようになった。成功を収めるには、選択の仕方や、より広い視野で考える方法を知っていなければならない。

『TIME』誌 1997年1月13日

I don't think that IQ is as fungible as I used to. To succeed, you also have to know how to make choices and how to think more broadly.

（億万長者になった後も仕事を続けることについて）

いまでも、働くことはとんでもなく楽しい。

――『TIME』誌　1997年1月13日

I still feel this is superfun.

風通しのよい組織

マイクロソフトは一方通行ではありません。非常にフラットな組織で、アイデアは下に流れることもあれば、上に流れることもあり、水平にも流れていきます。通常なら、誰かが何かを思いついたり、問題を発見したりすると、ほかの誰かにメールを送る。それがきっかけで問題に対処するためのSWATチームが結成されたりします。そして、ある程度経ったところで、対面または

There's no one path at Microsoft. We have a very flat organization. Sometimes ideas flow down, sometimes they flow up, or horizontally. Usually, someone will get an idea or identify a problem and send e-mail to someone else. This may kick off a SWAT team to deal with it. At some point, the decision gets made face to face or over e-mail. On strategic decisions, it may go to a senior VP or to me. By and large, we empower people

メールベースで意思決定が行われるのですが、戦略的な決定については、シニア・ヴァイスプレジデントや私のところに上がってくることもあります。どの社員にも、自ら意思決定ができる権限が与えられるようになっているのです。

――Information Outlook １９９７年５月１日

to make decisions themselves.

スティーブ・バルマー

彼とは素晴らしいビジネスパートナーシップを築くことができています。スティーブ(・バルマー)と一緒にブレインストーミングをするのは何より楽しく、それがなければ、いまほどこの仕事を楽しめていなかったでしょうね。社内の誰もが、私たちが非常に密接に協力し合い、目指す方向性についてもピタリと合致していることを知っていました。

――『Newsweek』誌 1997年6月23日

It's a phenomenal business partnership. I wouldn't enjoy my job like I do if it wasn't for how much fun Steve [Ballmer] and I have brainstorming things. And within the company, everybody has understood that we work very closely together and have a very common view of where we want to go.

1日の時間が少ないからこそ、2つのことを同時にやってみたくなるもので、いまは新聞を読みながらエクササイズバイクに乗ったりしています——まさにマルチタスクを実践しているのです。

——The New York Times News Service/Syndicate
1997年9月25日

Because there aren't enough hours in the day, it's tempting to try to do two things at once. Right now I'm perfecting reading a newspaper and riding an exercise bike at the same time—a very practical form of multitasking.

決断までのプロセス

同じ決断を繰り返さないこと。不必要な再考を避けるためにも、最初にしっかりと時間をとってじっくり考えて決断するのです。(中略)本当に決める必要がないのなら、わざわざ問題を決める必要などないはずです。

——The New York Times News Service/Syndicate
1997年10月8日

Don't make the same decision twice. Spend time and thought to make a solid decision the first time so that you don't revisit the issue unnecessarily... After all, why bother deciding an issue if it isn't really decided?

テクノロジーは単なる道具にすぎません。子どもたちを互いに協力させ、やる気を起こさせるという点では、何よりも教師の存在が重要になってきます。

――『Independent』紙　1997年10月12日

Technology is just a tool. In terms of getting the kids working together and motivating them, the teacher is the most important.

パートナーシップ

私たちのビジネス戦略は、当時存在したあらゆるコンピュータ会社とは一線を画したものでした。ハードウェアシステムやチップを作るのではなく、ただひたすらソフトウェアを作ることに専念していたからです。（中略）そのためパートナーを必要としていたのですが、我が社とインテル社とのタッグこそ、アメリカのビジネス史上最も成功したパートナーシップと言えるのではない

Our business strategy from the beginning was quite different than all the computer companies that existed when we were started. We decided to focus just on doing the high-volume software, not to build hardware systems, not to do chips, just to do software ... It was a strategy that required partners. I think the most successful partnership in the history of American business is the work we've done with Intel.

でしょうか。
私たちの関係が始まった当初は、両者の価値はいまの100分の1しかありませんでした。どちらも我の強い企業だったので、摩擦が起きることだってありました。それでも互いに補完し合いながら、時代を代表する2つの企業へと成長していったのです。

――サンノゼ州立大学・基調講演　1998年1月27日

When we started working with them, both companies were worth one-hundredth of what they're worth today. And so, working hand-in-hand in a nice, complementary way, you know, with a little bit of friction from time to time because we're both pretty strong-willed companies, we built two of the most successful enterprises of the era.

マネージャーに望むこと

私たちが高く評価するのは、実務に携わることの重要性をしっかりと理解しているマネージャーです。マネージャーとは部下の仕事をきちんと把握して、自分もその仕事に参加できるだけのスキルを持つ人物こそ、マネージャーであるべきなのです。実際にどれほどの負荷がかかり、何が大変で、どのように作業が進められるかちゃんと分かっていれば、何かあった時にも対処できます。

We're very big on managers who are very much in touch with doing hands-on work, who appreciate the work that people underneath them are doing, and retain the skill sets to jump in and do some of it themselves. So they can understand what is the load like, what's hard, how's that going on, and pitch in when there is something that's particularly tough. We're big into managers that believe in a lot of communication. It's

私たちは密なコミュニケーションをとるマネージャーを信頼するべきだ。目標を見失い、士気が低下した集団を率いながら、なぜ自分はもっと早くにその状況に気づけなかったのだろうと後悔するなんて惨めなものです。経営者こそ、現場で起こっていることにいち早く気づくべきであり、そのためには、部下全員とコミュニケーションを取ることが欠かせません。

——サンノゼ州立大学・基調講演　1998年1月27日

awful when you get a group that's kind of drifted, and the morale has gone down, and you wonder, why didn't you find out early, you know? You should always know that as soon as possible. And so managers really have to be in touch with all of their people.

求める人材について

私たちは、製品（技術）に熱意を持ち、それで素晴らしいことができると本気で信じている人々が大好きです。私たちは賢い人々を雇うことを重視しているので、賢い人ばかりの環境で仕事をして、議論をしたり、質問し合ったりすることに抵抗がない人でなければ務まらないでしょう。

——サンノゼ州立大学・基調講演　1998年1月27日

We like people who have got an enthusiasm for the product—technology—who really believe that it can do amazing things. We're very big on hiring smart people, so you'd better be comfortable working with other smart people, and kind of having the debate and questioning that goes along with that.

買収について

私たちはこれまでに何度も買収を行ってきました。（中略）多くの場合は、急速に市場が発展するときに行われました。顧客と一緒に仕事をしながら、価値あるフィードバックを得るまでの時間を短縮したかったからです。

―― サンノゼ州立大学・基調講演　1998年1月27日

We've done a number of acquisitions in our history ... A lot of the time, the reason we do the acquisition is, when we see a market developing very rapidly ... we want to reduce the amount of time it takes us to get in there, get working with customers, get the feedback that's valuable.

（米政府によるマイクロソフトに対する独占禁止法訴訟について）つまり米国政府は、この訴訟で我々の製品は性能が高すぎると言っているのだ。

――CNET　1998年1月27日

What you have here is, basically, the U.S. government saying our products are too capable.

訴訟の矛盾点について

（米政府によるマイクロソフトに対する独占禁止法訴訟について）自社の製品では市場で争えないと判断した競合他社が、政府を焚きつけて私たちを妨害しようとしたために、このような訴訟が起こったのです。この言葉は非常に慎重に用いなければなりません。なぜなら、機能が削られた製品を出荷せよと命じることは、不具合のある製品を出荷せよと言うのと同じことだからです。

――サンノゼ州立大学・基調講演　1998年1月27日

There's no doubt that we wouldn't have a DOJ dispute here if some of our competitors hadn't decided that battling it out in the marketplace was that their product wasn't going to do well enough on its own that way, that they were going to try and use the government to cripple us. And I use that word very carefully, because the idea of trying to tell us to ship products with features deleted, those are crippled products.

アメリカは、この産業で誇れるものがたくさんあります。シリコンバレーは大きな利益をもたらしてきたのです。雇用が生まれ、富が生み出された。これこそ誰もが喜ぶべき話であり、この産業自体が喜ぶべきことなのです。

――サンノゼ州立大学・基調講演　1998年1月27日

America has a lot to be proud of with this industry. [Silicon Valley] has benefited immensely. The jobs have been created here, the wealth has been created here. You know, this is a story that everyone should feel good about [and that] the industry should feel good about.

様々な人と出会ってきましたが、周囲に刺激を与えるリーダーという点でスティーブ・ジョブズの右に出る者はいません。彼は、人々の力を引き出して、その能力以上の働きをさせることができる人物なのです。彼も使いすぎてしまわないように注意しなければならないほどそのパワーは強力なのです。これはいつも言っていることですが、

In terms of an inspirational leader, Steve Jobs is really the best I've ever met. I mean, he can make people work, you know, more than they should. He's got to be careful. It's such a strong power, he can overuse it. You know, I always say to him, he's a first-class magician, and I can recognize him, because I'm kind of a second-class magician. It doesn't mean I can do what he does, but I can kind of tell, "Wow, that's powerful stuff."

彼は一流のマジシャンなのです。私はどちらかと言えば二流のマジシャンなので、彼が一流だと見抜くことができてしまいます。彼と同じことができなくても、「彼の作り出すものはパワフルだな」ということが分かるのです。彼は、本当に信じられないようなことを成し遂げてきた。チームを動かして、素晴らしい貢献をしてきました。

――サンノゼ州立大学・基調講演　1998年1月27日

As far as I'm concerned, what he did ... was just unbelievable. He drove that team to do something that was a fantastic contribution.

アンディ・グローブ

アンディ・グローブは優秀なCEOです。目標を定めて、それに向かって会社を率いていくことができ、かつとても明晰でもある。とても明瞭でもある。素晴らしいエンジニアリング・マネージャーなのです。

――サンノゼ州立大学・基調講演　1998年1月27日

Andy Grove is an incredible CEO. He's big on picking objectives and driving the company towards that objective. He's big on clarity. He is an engineering manager, par excellence.

（米政府によるマイクロソフトに対する独占禁止法訴訟について）自国の政府から訴えられるなんて愉快な経験ではない。鷹揚に構えて「ははは、そんなこと気にしない。自分の好きにするだけだ」なんて言えるはずがない。訴えられたと知った時には、人生最悪の出来事だと思ったものだ。

——ZD Net　１９９８年１月28日

When your own government sues you, it's not a pleasant experience. I wasn't sitting there going, "Ha, ha, ha, I'll do what I want." I was thinking this is the worst thing that's ever happened to me.

私たちほど重要なビジネスに携わり、多くの競合他社がいる中で成功を収めれば、嫌なことを言う人だって出てくるもの。だから何か言われても、あまり個人的に受け取らないようにしないといけない。

――テレビ番組「20／20」 1998年1月30日

When you have the level of success that we've had, when you have a business that's as important as this, with this many competitors, you're going to have people saying some nasty things. And so you have to learn a little bit not to take it too personally.

お金を与えることは、お金を稼ぐのと同じように注意しなければなりません。やはり、よい目的のために使ってもらいたいですからね。
無思慮に使えば、一瞬で消えてしまいもするのです。

――テレビ番組「20／20」　1998年1月30日

In giving money, you have to be as careful as you are in making money. You want to make sure it goes to good causes. And so, if you just spend it in an unthinking way, it can be gone in a second.

家族

私の人生において何より大切なのは、家族です。私はずっと、自分が結婚して子どもを持つものだと思っていました。家族との生活とは、感情や様々なことを共有し、かつ互いに何かをし合うことなのです。

――テレビ番組「20／20」 1998年1月30日

My priority in life is my family. I always knew I'd get married and have children. You know, family life is all about emotion and sharing things and doing things with each other.

メリンダとの馴れ初めを、ごく簡単に説明するとこうなります。彼女と深く恋に落ち、結婚して、一緒に家庭を築くことにした。

――テレビ番組「20／20」　1998年1月30日

The simplest thing to say about Melinda is that I fell deeply in love with her and decided to get married and have a family together.

インターネットの美しさ

インターネットの美しさは、その開示性にある。インターネットは変化し続ける一連のつながりであるからこそ、制御することも、支配することも、遮断することもできないのだ。

——CNN Money / Fortune 1998年3月3日

The beauty of the Internet is its openness. It cannot be controlled or dominated or cut off because it is simply a constantly changing series of linkages.

予想外のことだって起こるものだ。例えばインターネットが登場した時、私たちはその優先事項を5番目か6番目だと考えていた。（中略）だがすぐにインターネットの普及が予想以上に早く、想定していた戦略よりもずっと大きな現象であることに気づくことになる。

――『フォーチュン』誌　１９９８年７月20日

Sometimes we do get taken by surprise. For example, when the Internet came along, we had it as a fifth or sixth priority ... But there came a point when we realized it was happening faster and was a much deeper phenomenon than had been recognized in our strategy.

成功へとつながる刺激

そういった輝きを持った人から刺激を受けると、ビジネスが楽しくなるだけでなく、多くの成功につながっていく。

――CNN Money / Fortune 1998年 7月20日

The benefit of sparking off somebody who's got that kind of brilliance is that it not only makes business more fun, but it really leads to a lot of success.

企業のメモリ

あるプロジェクトに携わる人がパソコンの前に座り、過去に行われた同様のプロジェクトに関するメモや文書を60秒以内に呼び出せるようでなければ「企業のメモリ」はあまりよいとは言えません。それ以上の時間がかかるようでは、人々はそれらの資料を探そうとしなくなるからです。

――Enterprise Perspective での講演　1999年3月24日

[A business's] corporate memory is not very good unless somebody who is working on a project can sit down at their PC and in less than sixty seconds call up any memos or documents that might relate to a similar project that was done in the past. If it takes more time than that, people probably won't go and find it.

世間

何をしたって、世間からは
とやかく言われるものだ。

――『Newsweek』誌　1999年8月30日

People are going to second-guess anything you do.

私の両親は、常にコミュニケーションを取りながら、一緒に物事を進めていく人々だった。まるで1つのチームのようにね。自分にもそんな魔法があればなあと憧れていた。

――『Newsweek』誌 1999年8月30日

In my parents I saw a model where they were really always communicating, doing things together ... They were really kind of a team. I wanted some of that magic myself.

金銭感覚

どうやら、金銭感覚は20代前半までに決まってしまうようです。そしていまの私は明らかに「中流階級」ではない。だから子どもにどれくらいお小遣いを与えるか、子どもにどんな体験をさせるかといった感覚がおかしくなっていないといいのですが。私は、自分が両親から受けてきたような態度で子どもたちに接したいと思っているんです。

——『Newsweek』誌 1999年8月30日

I think your psyche about money is set by the time you're in your early twenties. At this point I'm clearly not by some definition "middle class." Hopefully my psyche hasn't been too warped in terms of the way I'll set my kids' allowance and the way I'll think about what they should be exposed to. It will be a lot like what my parents did.

私たちと張り合うべく、大金を費やそうとする人たちだって出てくるが、そんなことをしたって無駄だと思い知らせなければならない。状況はどんどん困難になるし、条件だって悪化していくとね。ハードルを上げ続けていくんだ。1社くらいなら生き残るだろうが、ほとんどは途中で「もういい」と去っていくだろう。

――H・W・ブランズ著『Masters of Enterprise』1999年

You basically have to convince the other guys not to spend enough money to compete with us, to keep just making it harder and harder, move the terms up, we just keep raising the bar, and eventually maybe one of them will try to do stuff with us. But a lot of them will just say, "Forget it."

優秀な人材

20人程度の優秀な人材を取り除いてしまえば、マイクロソフトはその辺の二流企業の仲間入りをするだろう。

——H・W・ブランズ著『Masters of Enterprise』1999年

Take our twenty best people away, and I will tell you that Microsoft would become an unimportant company.

賢い人間なら、会社のどこでだって率先して動いてくれるものだ。

――『Business @ the Speed of Thought』１９９９年

Smart people anywhere in the company should have the power to drive an initiative.

最大の学習資源とは

あなたの製品にまったく満足していない顧客こそ、最大の学習資源なのだ。

――『Business @ the Speed of Thought』1999年

Your most unhappy customers are your greatest source of learning.

いつだって私は、自分が間違ったことについて徹底的に追求してきた。私たちはうまくいったことをあまりふり返ったりはしない。だがうまくいかなかったことについては、容赦しないのだ。

――H・W・ブランズ著『Masters of Enterprise』1999年

I've always been hardcore about looking at what we did wrong. We're not known for reflecting back on the things that went well. We can be pretty brutal about the parts that don't do well.

短命

今日ここにあるコードで、例えば4、5年後に価値を持つものは1行だってない。今日のオペレーティングシステムは、5年後には時代遅れだ。

——H・W・ブランズ著『Masters of Enterprise』1999年

There's not a single line of code here today that will have value in, say, four- or five-years' time. Today's operating systems will be obsolete in five years.

PART 3

2000-2008

成熟

ゲイツは、メリンダとともに
「ビル&メリンダ・ゲイツ財団」を設立。
ビジネスから慈善活動へと
徐々にその軸足を移し始める。
やがて、財団の活動重視のため、
マイクロソフトの第一線から退き、
さまざまな慈善活動を通して
新たな輪を広げていく。

ビル・ゲイツの歩み　PART 3

2000

Windows 2000、Windows Me（Millennium Edition）が発売。

マイクロソフトCEOの座をバルマーに譲り、チーフ・ソフトウェア・アーキテクトに就任。

連邦地裁の判事は、独占禁止法違反にまつわる訴訟でマイクロソフトの分割を命じる。片方にWindowsを、もう片方にはそのほかのソフトウェアを扱わせるべきだとの判断を下した。

妻メリンダとともに「ビル＆メリンダ・ゲイツ財団」を設立。ほかの財団とも統合して、個人資金から160億ドルを拠出。

2001

反トラスト法裁判について、連邦高等裁判所がマイクロソフトに対する是正命令を破棄。これにてマイクロソフトと司法省は会社存続の合意に達する。

Windows XPが発売。マイクロソフト初のゲーム機「Xbox」が発売。

2002

次女フィービー・アデルが誕生。

2004

友人ウォーレン・バフェットの投資会社バークシャー・ハサウェイの取締役に就任。

2005

『タイム』誌が、その慈善活動を讃えてゲイツ夫妻とU2のボノを「今年の人物（パーソン・オブ・ザ・イヤー）」に選出。

エリザベス女王から大英勲章を授与。

2006

バフェットが、資産の大半に当たる３１０億ドルをビル＆メリンダ・ゲイツ財団に寄付。

2年後にマイクロソフトの第一線から退くことを発表。

2007

ハーバード大学の卒業式でスピーチを行い、名誉法学博士号を授与される。

Windows Vista と Office ２００７が発売。

2008

欧州連合（ＥＵ）が、競合他社に特定のソフトウェアコードなどに関する必要な情報を開示するように命じた以前の決定を遵守していないとして、マイクロソフトに対して14億ドルの制裁金を科す。

6月27日、マイクロソフトでの第一線から退きながらも、会長として留まる。

マイクロソフトの従業員数が9万人を突破。

マイクロソフトの文化

私たちの文化の素晴らしいところは、自分たちが手がけるプロジェクトが会社の成功と存続の鍵を握っていることを常に意識して運営にあたっている点にある。この業界がいかにダイナミックであるかも自覚しているから、「絶好調じゃないか」などと言ったりはしない。満足すれば、人々は現行バージョンのWindowsやOfficeを使い続けるだけになってしまう。

――『Newsweek』誌 2000年4月16日

One of the great things about our culture is that we always operate knowing that projects we work on are key to the success and survival of the company. We've never had a culture where we say, "Boy, we're in great shape," because we know how dynamic the industry really is. We know we have to replace our products in a dramatic way. Or people will just keep using the current version of Windows or Office.

世界で唯一の銅山を所有する人物のように、私たちは揺るぎない地位を確立している——そう言われることがあるが、そんなのまったくの皮肉だ。真実は逆だからだ。会社は困難に直面しており、私たちはチームとして団結し、素晴らしい仕事をしなければならないような状況にある。

——『Newsweek』誌　２０００年４月16日

There is a certain irony that somebody says we have this enduring position that's unassailable, like some guy who owns the only copper mine in the world. The truth is very much the opposite. The company faces challenges, and we need to pull together as a team and do great work.

ＰＣの普及と影響力に関して言えば、いまのような世の中になると思っていた。けれども、自分たちの会社がこれほどの規模にまで成長して、このような成功を収めるとは想像もしていなかった。

とは言え「よし、30人の会社だけれど、すべてのＰＣのソフトウェアを作り出せるほどになってやろう」とも考えていたが。

――『Newsweek』誌　2000年9月17日

We thought the world would be like it is now in terms of the popularity and impact of the PC, but we didn't have the hubris to think that our company would be this size or have this kind of success. The paradox is that we thought, "OK, we can just have this thirty-person company that will be turning out the software for every PC."

「ブレークスルー」と呼ばれるような発見とは、何億人もの人々の行動を変えるものを指す。それがなくなれば、人々が「取り上げたりしないで」と懇願するようなものだ。私たちにとって、ブレークスルーは非常に重要だ。いまほどの利益が上げられているのも、いくつものブレークスルーを生み出したからだ。今日、私たちのソフトウェアを手にした人は、永遠に使い続けることができる。こちらに1銭も払うことなくね。

——『Newsweek』誌　2003年11月24日

A breakthrough is something that changes the behavior of hundreds of millions of people where, if you took it away from them, they'd say, "You can't take that away from me." Breakthroughs are critical for us. All we get paid for are breakthroughs, because people who have our software today can keep using it forever and not pay us another dime.

ミスについて

かつてはミスもしょっちゅうだった。誰よりも早く始めれば、それだけ多くの失敗をするものだからだ。

――スミソニアン協会「オーラル・アンド・ビデオ・ヒストリー」
2003年

There were a lot of missteps in the early days; because we got in early, we got to make more mistakes than other people.

（高校時代、ほかのプログラマーたちにこう言ったことがある。）「ねえ、もし僕に戻ってきてほしいのなら、僕に責任者をやらせるべきだ。でも、これは危険なことでもある。だってこれで僕が責任者になれば、ずっとその立場から退こうとしないだろうからね」

――スミソニアン協会「オーラル・アンド・ビデオ・ヒストリー」
２００３年

[In high school I told the other programmers], "Look, if you want me to come back, you have to let me be in charge. But this is a dangerous thing, because if you put me in charge this time, I'm going to want to be in charge forever."

競争相手について

確かにソフトウェア会社はほかにもたくさん存在した。私たちが起業してから2、3年のうちに、何十社もできた。そのいくつかは、BASICより優れたものを作ろうとしていた。だが私たちには、それらの企業が自分たちの足元にも及ばないことがはっきりと分かっていた。ほかの言語にも競争相手はいた。それでも、私たちのように長期的なアプローチを取って複数の製品を開発し、人を雇って優れた仕事をするための訓練をし、世界規模で事業を進め、さまざまな製品をどう連携させるかを考えるような会社はほかになかった。

――スミソニアン協会「オーラル・アンド・ビデオ・ヒストリー」
2003年

There certainly were a lot of other software companies. Within two or three years of our being started, there were dozens of companies. Some of them tried to do better BASIC. And we made darn sure they never came near to what we had done. There were competitors in other languages. They didn't take quite the same long-term approach that we did, doing multiple products, really being able to hire people and train them to come in and do great work, taking a worldwide approach, and thinking of how the various products could work together.

私たちにとって重要なこと、最も大切にしていることは、非常に頭のよい人々を雇うことだ。つまり、IQが高い人間だ。ソフトウェアを書くのにふさわしい人を選ぶには、非常にエリート主義でなければならない。95パーセントの人間は、複雑なソフトウェアを書くべきではないのだ。そして、少人数のチームを使うべきだ。

――スミソニアン協会「オーラル・アンド・ビデオ・ヒストリー」
2003年

The key for us, number one, has always been hiring very smart people. There is no way of getting around that, in terms of IQ, you've got to be very elitist in picking the people who deserve to write software. 95 percent of the people shouldn't write complex software. And using small teams helps a lot.

常に変化と驚きを

3年ごとというのは、自分たちの仕事を再定義するという意味で大きな意味を持っている。同じことを繰り返すばかりの会社は、あっと言う間に他社に追い越されてしまうし、そんな例は至るところで見かける。（中略）私たちは研究グループがあり、多くの大学と連携し、優秀な人材を採用し続けている。だからこそ私は、会社の将来に対してとても楽観的でいられるのだ。そしてその将来とは、変化と驚きに満ちたものでもある。

——スミソニアン協会「オーラル・アンド・ビデオ・ヒストリー」
2003年

Every three years are important in terms of redefining what we do. Any company that stays the same will be passed by very quickly and there are lots of fine examples of that ... Because we now have a research group, and we are out there working with lots of universities and are able to continue to hire great people, I'm very optimistic about our future. But it is a future full of change and surprise.

初期の頃には私がすべてのコードを見ていたが、それもできなくなっていった。当時は100人いるスタッフも全員把握して、出入りする人々のナンバープレートを覚えていた。皆が何をやっているかが、頭に入っていた。でも1000人になるとそうもいかなくなったから、マネージャーを雇った。マネージャー全員と顔見知りでありながらも、間接的なレベルだった。そして1万人を超えると、知らないマネージャーすら出てきてしまった。

――スミソニアン協会「オーラル・アンド・ビデオ・ヒストリー」２００３年

I got to the point where I couldn't look at all of the code, which I had done in the early years. At one hundred people, I knew everybody. I even knew their license plates when they came and went. I knew really what everyone was up to. By the time it got to one thousand, that was no longer the case. I was hiring the managers and knew all of the managers, but there was a level of indirection. And, certainly, as you go up over ten thousand then there ... are some managers you don't know.

Mac

Macこそ、とてつもなく重要なマイルストーンだった。アップルはパソコンに新たなアイデアを見いだしただけでなく、グラフィカル・インターフェースの先導役でもあったんだ。当時はグラフィカル・インターフェースは信用されていなかったが、アップルはそれに賭けた。だからこそ、私たちもいち早く

The Mac was a very, very important milestone. Not only because it established Apple as a key player in helping to find new ideas in the personal computer, but also because it ushered in graphical interface. [Back then], people didn't believe in graphical interface. And Apple bet their company on it, and that is why we got so involved in building applications for the Macintosh early on. We thought they were right. And we really bet

Macintosh向けのアプリケーション開発に取り組むことにした。アップルを信用していたから、自分たちの成功を賭けることもできたんだ。そして今日、すべてのマシンがこの方法で作動している。そのほうがはるかに自然だからね。でも当時は限界に挑戦するようなものだった。

——スミソニアン協会「オーラル・アンド・ビデオ・ヒストリー」2003年

our success on it as well. And today, all of the machines work that way because it is so much more natural. But this was pushing the limit.

ポール・アレン

ポール(・アレン)とは昔から友だち関係にあった。現在でも非常に親しくしていて、この関係はずっと続くだろう。彼はアイデアが豊富で、よく一緒にブレインストーミングをしたものさ。私のほうが経営者だったけれど、彼はパートナーでい続けてくれた。私たちは多くの変遷を成し遂げてきたけれど、彼はそこでとっても重要な役割を担ってくれていた。まあ、私が、ポールをはじめとする従業員に発破をかけ続けていたから、緊張感も保たれていたのだけれど。

――スミソニアン協会「オーラル・アンド・ビデオ・ヒストリー」
2003年

Paul [Allen] was my friend from the early days. And we are very close friends today and I'm sure we always will be. He is very idea-oriented. He and I would brainstorm about things. So even though I was running the business, it was a partnership. His role was very, very critical to so many of the transitions that we made. [But] there was always some strain because I was pushing people to work hard, including Paul.

当時の私たちは変化を迫られていた。最後の数年間は、2つの立場（製品戦略の統括とCEOの職務）を兼務していたが、なかなか大変なものだった。この移行は、考えていた通りの結果へとつながり、（中略）それまでよりも製品に携わる時間も増した。スティーブ（・バルマー）は、私が気にかける必要のない事柄を心配するようになった。

――The Telegraph　2004年2月1日

We definitely needed to change. The last few years of trying to do both things [oversee product strategy and act as CEO] were pretty tough. [The transition] has worked out exactly the way I thought it would ... I get more time on products than I've had for ages and ages. [And] there is a set of things that Steve [Ballmer] gets to worry about that I don't have to worry about.

新製品について

新たなソフトウェアを作る時は、まずデータ駆動型なのか機能駆動型なのかを決める。（中略）新製品の発売が早まるのは構わないが、逆に遅れることは絶対に避けるようにしている。

――The Telegraph　2004年2月1日

Whenever you do a new piece of software you decide whether it is data-driven or feature-driven. ... The key for Microsoft is that it is okay for us to be early [with the launch of new products]. We can afford to be early. What we do not want to do is be late.

我が社はチャレンジ精神が旺盛だ。過去をふり返って、いつまでも成功したことを祝うことに時間を浪費したりしない。そこがいいんだ。

――ロバート・スレーター著『Microsoft Rebooted』
２００４年出版

[There is] plenty of challenge, which is why it's good we're not a culture that looks back and has to waste a lot of time celebrating what we have done well.

私たちの決定過程

私たちの決定過程は非常に明確なものであった。私が参加する会議があり、そこで決定する。そのため曖昧な点もなければ、政治的な駆け引きもなし。長々としたメモで何かを説明したり、心構えを説いたりすることもなかった。（中略）それこそ、私たちが決断を下す方法であり、だからこそ損益計算書のオーナーや組織構造などを必要としたりしないのだ。

――ロバート・スレーター著『Microsoft Rebooted』
2004年出版

Our decision process was very clear. There would be meetings I would be in, and we would make those decisions. And so there was no confusion, there was no politicking, there was no overly long memo trying to explain something or posturing. That's how we would make those decisions ... You don't need a whole bunch of P&L owners or structure.

私たちは正式なプロセスを重視していなかった。決定過程に12人の承認が必要なプロセスよりも、そこで起こっている事態を真に理解している3人がいるほうがよいからだ。

――ロバート・スレーター著『Microsoft Rebooted』
2004年出版

We didn't need a lot of formal process because, believe me, it's better to have three guys who really know what's going on than to have all of the processes that allow twelve to all sort of think they are part of that decision process.

決定者

スティーブ（・バルマー）は非常に批判的で、アイデアに溢れ、私たちが行うすべてのことに影響を与えた――どう組織化して、どのような人間を選ぶかといった技術的なことまで。それでも決定者は私だった。

――ロバート・スレーター著『Microsoft Rebooted』
２００４年出版

Steve was supercritical, full of ideas, influencing everything we did—even technical things like how we would organize, what people we would pick. But I was the decision maker.

休暇に入ると、つらつらと会社のことを考えたりはしても、メールはチェックしない。メールとは単なるツールではない。だから私にとって「本物の休暇」とは、メールをやっていない時間を指すのだ。クリスマスと年に2回ほど休暇を取っているが、余程のことがなければまずメールはしない。ビーチに行ったり、子どもたちと遊んだりとやることが山ほどある。

――ロバート・スレーター著『Microsoft Rebooted』
2004年出版

When I go on vacation, although I do long-term thinking about the company, I don't do email. Email is the key to me. For me in terms of a real break it is when you're not doing email. At Christmas and two other times a year, I will have a vacation where, unless there is some real problem, I stay off email. There also better be a beach and the kids and some other things.

企業としての立場

例えば、広範な社会問題について「最も議論を呼びそうな立場を取るか？」といった質問をされたとする。顧客、株主、従業員が両方の立場に分かれてしまうときは会社が態度を明らかにしないことがある。もしこの問題が再び表出すれば、私たちはプロセスを踏んで、正しい理由で立場を取るか取らないかを選択するつ

There is this question on, say, a broad social issue: [do you] take the most controversial ... position? When you have customers, shareholders, employees strongly on both sides of an issue that the company will not take a position on, this one, if it comes up again, we're going to go through a process and, you know, make sure that we're choosing to take a position or not for the right reasons. People can know what we stand for as a

もりだ。そうすることで世間に対して、私たちが反差別という点で企業としてどのような立場を取っているか、示すことができるからだ。それと同時に、私たちが必ずしもすべての社会問題に対して立場を明らかにするわけではないことも伝えることができる。

――ラジオ番組「Morning Edition」 2005年4月29日

company in terms of anti-discrimination. They can also know that we won't necessarily take a position on every social issue that comes up.

私たちにとって、グローバルヘルスとは生涯をかけて取り組むべき課題だ。貧しい人たちの負担が減り、格差がなくなるまで優先すべきことであり続けるだろう。必ず実現できると断言できるほど私は愚かではないが、それでもそれこそが私たちの目標なのだ。

――『The New Yorker』誌　2005年10月24日

Global health is our lifelong commitment. Until we reduce the burden on the poor so that there is no real gap between us and them, that will always be our priority. I am not so foolish as to say that will happen. But that's our goal.

私たちは、寄付の金額で自分たちを評価したりはしない。私たちは人類の脅威に挑み、すべての活動において救われた命あたりのコストと、事態がどう改善されたかという真の成果に徹底的にこだわっている。楽しいことでありながら、同時に大きな責任を伴うものだ。（中略）親であることについても同じことが言える。人生において最も重要なことの多くは、そのようなものばかりだ。だからこそ、毎朝目を覚ましたくなるのだろう。

――『The New Yorker』誌　２００５年10月24日

We do not measure ourselves at all by the amount given. We have taken on the top twenty killers, and for everything we do we look at the cost per life saved and real outcomes in terms of how things get improved. It's fun, and it is also an enormous responsibility . . . That is true for being a parent. Many of the most important things in life are like that. Why else would you want to get up in the morning?

マラリアの研究にほとんど資金が使われていないことに、私はとにかく驚いてしまう。なぜ、豊かな世界がこのような試みをしないのか？　自分たちには関係ないことだと気にしていないのか？　マラリアによって、人類がどれほど苦しめられていることか。地球上で最悪の病気であり、比較にならない

It just blows my mind how little money has been spent on malaria research. What has prevented the rich world from attempting this? Do we really not care because it doesn't affect us? Human suffering as a result of malaria is incomparable. By many measures, it's easily the worst thing on the planet.

ほどの苦しみなのだ。

だから私はマラリアを前にして「よし、次の問題に取りかかろう。この問題は私にはどうでもいいことだ」などとは言えはしない。

この状況を変える唯一の方法は、マラリアを止めることであり、私たちはそれを実現しようとしているのだ。


――『The New Yorker』誌　２００５年10月24日

I refuse to sit there and say, O.K., next problem, this one doesn't bother me. It does bother me. And the only way for that to change is to stop malaria. So that is what we are going to have to do.

命を救うための値段

慈善事業に携わり始めた時は、すでに大規模に行われているものばかりで、自分が出すお金なんて僅かでしかないと感じられるものだ。だからこそ、このようなものを見ると、私たちは驚いてしまう。1人数百ドル出せば、多くの命を救うことができるなどと言われているが、それに対する答えは「ノー！」だろう。

You think in philanthropy that your dollars will just be marginal, because the really juicy obvious things will all have been taken. So you look at this stuff and we are like, wow! When somebody is saying to you we can save many lives for hundreds of dollars each, the answer has to be no, no, no. That would already have been done. We go to events where people are raising money for various illnesses where lives are being treated

私たちは、さまざまな病気のための資金調達イベントに参加してきたが、そこでは命が何百万ドルもの価値があるかのように扱われていた。でもいまは、たった数百ドルでさらに多くの命を救うことができると知ってしまった。あまりに衝撃的で、にわかには信じられなかった。

――『The New Yorker』誌　２００５年10月24日

as if they were worth many millions of dollars. And here we were learning that you can save even more lives for a few hundred each. We really did think it was too shocking to be true.

夢のマシン

初期に夢見ていたのは、使い勝手がよく、信頼性が高く、非常にパワフルなマシンだった。1975年当時、読書もメモもすべて賄えるようなマシンを作ろうと話していたほどだ。

――ジェフリー・クレイムズ著『What the Best CEOs Know』2005年出版

The early dream was a machine that was easy to use, very reliable and very powerful. We even talked back in 1975 about how we could make a machine that all of your reading and note taking would be done on that machine.

CS 302
expected.out

アメリカの大学の制度

アメリカの大学の仕組みはとても優れている。私たちは大学に資金を提供し、多くの研究をお願いしているが、これが本当に素晴らしい。リスクを負うことに見返りを与えているのだ。（中略）システムは単純明快というわけではないが、世界のイノベーションの大きな原動力となっており、連邦政府の税金と慈善事業によってこれからもますます発展していくことだろう。

——トーマス・フリードマン著『The World Is Flat』２００５年

[America's] university system is the best. We fund our universities to do a lot of research and that is an amazing thing. We reward risk taking ... It is a chaotic system, but it is a great engine of innovation in the world, and with federal tax money [and] philanthropy on top of that, [it will continue to flourish].

To-Doリストはあまり好きではない。

――CNN Money / Fortune　2006年4月7日

I'm not big on to-do lists.

富裕層であることについて

富裕層でなければよかったのにと思うこともある。（中略）何もよいことなどない。結果的に知名度が上がるだけだ。

――『ガーディアン』紙　2006年5月5日

I wish I wasn't [wealthy] ... There's nothing good that comes out of that. You do get more visibility as a result of it.

私はｉＰｏｄを持っていない。携帯電話は、音楽を入れておくのに便利な携帯デバイスだ。将来、他の人もそう思うようになるかもしれない。

――ＣＮＢＣ『Ｔｈｅ Ｂｉｇ Ｉｄｅａ』 ２００６年５月８日

I don't have an iPod. A phone is a nice portable device to have your music on. Maybe some other people will think so too in the future.

ゲイツを怒らせることについて

そんなにない。

――CNBC「The Big Idea」 2006年5月8日

Not much.

女性が自分の身を守れるようなツールが必要です。小さな子どもを持つ貞淑な既婚女性であろうと、スラム街で働くセックスワーカーであろうと関係ありません。どこに住んでいようと、誰であろうと、何をしていようと、女性が自分の命を守るためにパートナーの許可を必要とすることなどあってはならないのです。

――第16回国際エイズ会議・基調講演　２００６年8月13日

We need tools that will allow women to protect themselves. This is true whether the woman is a faithful married mother of small children, or a sex worker trying to scrape out a living in a slum. No matter where she lives, who she is, or what she does—a woman should never need her partner's permission to save her own life.

入国のしやすさについて

私は、世界中のどの国も高い技能を持つ人々がより容易に入国できるようにすべきだと思っている。移住の自由の大切さを強く信じているのだ。もちろん政治的な制約もあるだろうが。

――Reuters 2007年3月21日

I think every country in the world should make it easier for people with high skills to come in. I'm a big believer that as much as possible, and there are obviously political limitations, freedom of migration is a good thing.

私の脳の中

私の脳の中をのぞいてみれば、ソフトウェアが詰まっていることが分かるだろう。ソフトウェアの魔法と、ソフトウェアへの信頼でいっぱいなんだ。これは今後も変わることはない。

――「D：All Things Digital」カンファレンス第5回にて
2007年5月30日

If you look inside my brain, it's filled with software and, you know, the magic of software and the belief in software and that's not going to change.

今後10年のうちに

SF作品に登場するもののほとんどが、今後10年のうちに現実の世界でも見られるようになるだろう。トランスポーターを除けば、だが。現実の世界で起こっていることを表しつつ、人々が興味を持つことも描いて見せるバーチャルな存在、バーチャルな世界。マシンと交流する方法としての空間内でのムーブメント。今後10年のうちに、研究レベルで行われてきた巨額な投資はこれらのことで報われていくだろう。

――「D: All Things Digital」カンファレンス第5回にて
2007年5月30日

I think short of the transporter, most things you see in science fiction are, in the next decade, the kinds of things you'll see. The virtual presence, the virtual worlds that both represent what's going on in the real world and represent whatever people are interested in. This movement in space as a way of interacting with the machine. I think the deep investments that have been made at the research level will pay off with these things in the next 10 years.

スティーブ（・ジョブズ）のセンスが得られるなら、なんだってするさ。

――「D：All Things Digital」カンファレンス第5回にて
2007年5月30日

I'd give a lot to have Steve [Jobs]'s taste.

パソコン

私はパソコンに夢中になっていたので、結婚は後回しでいいと思っていました。パソコンこそ私のライフワークなのです。

――「D：All Things Digital」カンファレンス第5回にて
2007年5月30日

I knew not to get married until later because I was so obsessed with [the personal computer]. That's my life's work.

変化を阻むのは、思いやりの欠如ではなく、複雑すぎることです。

――ハーバード大学・卒業式講演　2007年6月7日

The barrier to change is not too little caring; it is too much complexity.

命の価値

（1ドル以下のワクチンが打てないために、アフリカで大勢の子どもたちが命を落としていることについて）命の価値はすべて平等だ。

そう信じているなら、救う価値のある命と、そうでない命があると考えられていることに深いショックを受けるものです。

その時、私たちは「そんなはずはない。だが、もしそうであるなら、私たちの寄付の優先順位を上げるに値する」と考えたのです。

——ハーバード大学・卒業式講演　2007年6月7日

If you believe that every life has equal value, it's revolting to learn that some lives are seen as worth saving and others are not. We said to ourselves, "This can't be true. But if it is true, it deserves to be the priority of our giving."

人類の最も偉大な進歩は、その発見においてではなく、不公平を減らすためにその発見をどう応用するかにあります。民主主義、強力な公教育、質の高い医療、幅広い経済機会のいずれをとっても、不公平の是正は人類最高の功績なのです。

――ハーバード大学・卒業式講演　2007年6月7日

Humanity's greatest advances are not in its discoveries, but in how those discoveries are applied to reduce inequity. Whether through democracy, strong public education, quality health care, or broad economic opportunity, reducing inequity is the highest human achievement.

学位取得

このタイムリーな栄誉を与えてくれたハーバード大学に感謝します。来年には転職する予定なので、これでようやく大学の学位が履歴書に書けるようになるからです。

――ハーバード大学・卒業式講演　2007年6月7日

I want to thank Harvard for this timely honor. I'll be changing my job next year ... and it will be nice to finally have a college degree on my resume.

（取締役会でバルマーと口論になった出来事を受けて）

私は変わらなければならなかった。

スティーブ（・バルマー）は、チームの一員であること、共通の目標に邁進することを何より重視していた。そのために私は、それを阻害するためにはどうすればいいか考えなければならなかった。

会議で皮肉を言うのはどうか？　あるいは「こいつは完全にだめだ」と言うとか？


――『The Wall Street Journal』紙　２００８年６月５日

I had to change. Steve [Ballmer] is all about being on the team and being committed to the mutual goals. So I had to figure out, what are my behaviors that don't reinforce that? What is it about sarcasm in a meeting? Or just going, "This is completely screwed up?"

製品の仕上がりについて

（「Vistaの仕上がりは期待通りではなかったのか？」という質問に対して）私たちが出荷するすべての製品には、私が入れるように頼んでも入れられなかった機能があり、チームはそのことを把握している。つまり完璧なソフトウェア製品を出荷することなどないのです。なら、どうすればいいのでしょう？

――『Newsweek』誌　2008年6月21日

In every product we ship, the team knows of features that I asked them to put in that they didn't get in. So you never ship a perfect software product. Thank goodness you don't, because then what would you do?

ライバルの存在

（「引退せずに、グーグルと戦いたいという気持ちはないのですか？」という質問に対して）

「ああ、面白いライバルがいたら仕事は辞めないよ」と言うような人は、仕事中に死ぬしかないでしょうね。

――『Newsweek』誌　２００８年６月21日

If you say, “Gosh, I won’t leave when there’s an interesting competitor,” then you’d have to die on the job.

やっていること

まあ、私たちだってすべてのことができる訳ではないし、するべきだとも思っていない。それでも私たちは多くのことをやっているし、誰よりも長い「計画対象期間」を設けてもいる。

――『PC Magazine』誌 2008年6月23日

Well, hey, we can't do everything—we don't expect to do everything. [But] we do a lot and we have a longer time horizon than anyone else.

ある意味、私は33年間ずっと同じことをしてきました。（中略）（引退で）いろいろ調整となるでしょう。財団はとてもエキサイティングで、仕事も複雑ですが、それがなければもっとキツかったはずです。私はビーチでくつろぐタイプじゃないですからね。

――The Seattle Post-Intelligencer　２００８年６月２３日

I've done the same thing for thirty-three years, in a sense ... It will be an adjustment for me. If I didn't have the Foundation—which is so exciting, and the work is complex—if I didn't have that, it would be tough for me, because I'm not a sit-on-the- beach type.

反論

（歳を取ってゲイツも丸くなったと言われていることに対して）

そんなわけがない。

――Seattle Post-Intelligencer　2008年6月23日

Bullshit.

歴史が私をどう評価するかは誰にも分からない。ウォーレン・バフェットとブリッジをした人物と言われるかもしれないし、全然違うかもしれない。

――CNN　2008年10月5日

You know, who knows how history will think of me? You know, the person who played bridge with Warren Buffett, maybe. Or maybe not at all.

最も身近な手本

すべてのことに誠実さ、思慮深さ、喜びを注ぐバフェットこそ、私にとって最も身近なお手本だ。私は父から学び続け、ウォーレンからも学び続けている。そして何か決断をする際には、問題に対して彼らがどんな姿勢で臨んでいるか参考にする。

——The Charlie Rose Show　2008年12月22日

Warren Buffett is the closest thing I have to a role model because of the integrity and thoughtfulness and joy he brings to everything he does. I'm continuing to learn from my dad, I'm continuing to learn from Warren, and many times when I'm making decisions, I try and model how they'd approach a problem.

「多様性」や「企業の社会的責任」という言葉に、いかに強いメッセージが隠されていることか。企業は、自分たちが何者で、何をしているのかという核となる価値観を持たなければならない。そうすることで従業員は目的意識、そして行動指針を与えられたと感じられるからだ。

――『Creative Capitalism』２００８年出版

It's amazing how strong a message is hidden in words like "diversity" or the broad term "corporate social responsibility." A company needs to have core values of who they are and what they do [which] makes employees feel they have a purpose and guides their action.

トリクルダウン理論

富める国と貧しい国の両方が病の影響を受ける時、トリクルダウン理論で最終的には最貧困層にも恩恵が行きわたるようになる。開発にかかる高いコストは富裕国で回収され、特許が切れると貧困国で限界費用にて販売される。そのようにして誰もが利益を得られるようになるのだ。

――『Creative Capitalism』2008年出版

When diseases affect both rich and poor countries, trickle-down will eventually work for the poorest, because the high cost of development is recovered in the rich world, and then as they go off patent, they're sold for marginal cost to the poor and everybody benefits.

PART 4

未来へ

2009-2020

「ビル&メリンダ・ゲイツ財団」は
世界最大の民間慈善団体の
1つになった。
乳幼児死亡率の低下や疾病根絶など、
実にさまざまな課題に対して
支援を行っている。
「財団の仕事が楽しくてたまらない」と
語るゲイツ。
彼は常に未来のその先を見ている。

ビル・ゲイツの歩み　PART 4

2009

１８０億ドルを失いながらも、個人資産４００億ドルで『フォーブス』誌「世界長者番付」で再び1位に。２００８年に首位になったバフェットを抑える。

あまりに多くの友人申請が寄せられるために、Facebook の使用を中止。

2010

サンダンス映画祭に出席し、アメリカの教育システムの問題点を指摘したドキュメンタリー映画『Waiting for "Superman"（スーパーマンを待ちながら）』のプロモーションを行う。作品内でゲイツもインタビューを受けている。

Facebook を再開。Twitter にも登録。

2011

多額の寄付をしたため、資産５３０億ドルで『フォーブス』誌「世界長者番付」で2位になるが（バフェットは3位）、「フォーブス４００」では依然としてトップに。

「ゲイツがマイクロソフトに戻るのではないか」という噂が流れるも、本人は「財団の仕事が楽しくてたまらない」と否定。

2013

２０１８年までの6年にわたり、ポリオ撲滅に向けて55億ドルを支援。

2015

ＴＥＤで講演し、ＣＯＶＩＤ-19 のような世界的なパンデミックを予言。

2016
ゲイツ夫妻がオバマ大統領から大統領自由勲章を授与。

2017
ビル&メリンダ・ゲイツ財団が、アフリカとアジアの農民が気候変動に対処できるよう3億ドルの支援を発表。
認知症発見基金に対する5000万ドルの投資を発表。
チャリティ大会「Match for Africa 4」に参加。本大会を立ち上げたロジャー・フェデラーとダブルスでプレーをする。
ロジャー・フェデラー財団のために200万ドル以上の寄付金が集まった。

2018
基金468億ドルを有するビル&メリンダ・ゲイツ財団が、世界最大の民間慈善団体の1つに。

2020
『フォーブス』誌「世界長者番付」で2位に。総資産額が980億ドルに達する。
ビル&メリンダ・ゲイツ財団が、COVID-19の感染拡大抑制のために2億5000万ドルを拠出。

共通点

新しいことを学んでいる。
それでも、一流の専門家たちを集めて、リスクを取りながらそこから何かすごくドラマチックなものが生まれるような気分でいる
――それこそが前の仕事といまの仕事に共通するところだ。

――BusinessWeek　2009年2月12日

I get to learn new things. But bringing top people together, taking risks, feeling like something very dramatic can come out of it—that's something that the previous work and the work now have in common.

私は、若い人に賭けようとするこの国独特の姿勢から、大きな恩恵を受けました。

――CNBCタウンホールイベント@コロンビア大学
2009年11月12日

I was a huge beneficiary of this country's unique willingness to take a risk on a young person.

資本主義から生まれるもの

資本主義では、何千ものことが同時に進行していき、その多くは失敗に終わる。中には「可もなく不可もなく」といった結果になるものもあるでしょう。でも特別なものは成長して、人々を驚かせるような存在になるのです。今後、先ほど述べた分野（IT・エネルギー・医学）から、世界を圧倒するような企業がいくつも出てくるでしょう。

——CNBCタウンホールイベント@コロンビア大学
2009年11月12日

Capitalism is great at having thousands of things going on in parallel. And a lot of them fail. Some are just mediocre. But the ones that are special can grow and, you know, stun everybody. And in all those fields I mentioned, there are going to be several companies that kind of take your breath away.

中国の動向を知るのはワクワクするもので、私たちにとって素晴らしいことでもあります。中国に暮らすすべての人々が、私たちのように豊かになるか。それとも、1979年当時のように貧しくなるかを選べるなら、私たちと同じように消費者となり、発明家となってもらったほうがずっといいはずです。実現までの道のりは長いでしょう。でも、あの人口の多さなら何か素晴らしいことが起こるはずです。

――CNBCタウンホールイベント@コロンビア大学
2009年11月12日

It's exciting to see what's going on in China. It's great for us. If we had a choice for all the people in China to be as rich as we are versus be as poor as they were back in 1979, we'd be way better off to say, you know, let's have them be consumers and inventors just like we are. They are a long ways away from that. But they are a large enough population that great things are happening there.

グーグルについて

（「グーグルは、初期の頃のマイクロソフトに似ていると思うか？」という質問を受けて）（グーグルは）かつての私たちと同じような問題を抱えています。そして、賢い人間をたくさん雇っている。検索エンジン業界のトップに君臨し、とてつもない収益を上げています。今後、競争相手となりそうな存在は出てくるでしょう。それでも彼らこそ、2人の若者が一緒になってアイデアを追求し、絶対的に巨大な成功を収めた好例なのです。

――CNBCタウンホールイベント@コロンビア大学
2009年11月12日

[Google has] some of the same problems we had. They are hiring a lot of smart people. They have gotten into the lead position in search, which is incredibly profitable to be number one in that. They may get a little competition as time goes forward. But they are a great example of what can happen, you know. Two young guys who got together, pursued an idea, and created a success that's absolutely gigantic.

彼（ウォーレン・バフェット）は、人に教えることが大好きです。生徒と会った時も、毎年発行されるニュースレターでも、電話で私と話している時も、いろいろなことを教えてくれる。その才能はまさに本物で、私は心から尊敬しています。

――ＣＮＢＣタウンホールイベント＠コロンビア大学
２００９年11月12日

He loves to teach. He does it meeting with students. He does it in his annual newsletter. He does it when he's talking to me on the phone. It's a real gift that I admire incredibly.

チャンスを逃すな

人には、不意に自信が湧いてくるような、魔法の瞬間が巡ってくることがあります。（中略）ハーバードを中退したときの私は、友人たちに「私のところで働かないか」と誘いながら、大金持ちになれるというある種の自信を感じていました。

そんなふうに自分を信じられて、「これならできる」と思える瞬間がやってくることがあるんです。でも滅多に起こるものではないので、チャンスを逃さないようにしてください。

——CNBCタウンホールイベント@コロンビア大学
2009年11月12日

There become a few magic moments where you have to have confidence in yourself ... When I dropped out of Harvard and said to my friends, "Come work for me," there was a certain kind of brass self-confidence in that. You have a few moments like that where trusting yourself and saying yes, this can come together—you have to seize on those because not many come along.

若い頃の私には、年寄りの知り合いなど1人もいなかった。マイクロプロセッサ革命を起こした時にも年寄りなんて見かけなかった。1人もね。この業界がこんなに年寄りだらけになってしまったのは不思議なことだ。

――『WIRED』誌　2010年5月

When I was young, I didn't know any old people. When we did the microprocessor revolution, there was nobody old, nobody. It's weird how old this industry has become.

20代の頃といま

20代の頃は、がむしゃらに働いていた。いまは家で夕飯を食べるような生活を送っている。

──『WIRED』誌　2010年5月

In my twenties, I just worked. Now I go home for dinner.

幸運

私はとても幸運でした。これまで2つの仕事を経験してきましたが、いずれも素晴らしいものでした。若い頃は徹夜でソフトウェアを書きながら、自分だけでなく、みんなにとって素晴らしいパーソナルコンピュータを思い描いていました。そしていま、私は転向し、財団の仕事に専念するようになりました。財団が使うお金が、できるかぎり最善の方法で使われることを確認したりと、この活動を心から楽しんでいます。

――ＣＮＮ　２０１０年７月20日

I've been very lucky. I've had two jobs that were absolutely fantastic. When I was young, writing software, staying up all night, you know, dreaming about the personal computer I wanted and I thought would be great for everyone, that was the perfect thing for me. And now I've switched. I'm totally full-time on the foundation. You know, I'm loving advocating for these causes. I'm making sure that the money our foundation spends is—is used in the best way possible ... I love doing this work.

新たな技術の発明

起業家精神に満ちた誰かが、何かを新たに発明すれば、その人は世界に驚異的な価値をもたらします。新たな技術が発明されるのは、素晴らしいことです。そして彼らは、それが人々にどのように役に立つのかを考えずとも、人を救うようになります。教育、医学の研究、そのほか、どんな分野でも。

――MITテクノロジーレビュー　2010年9月1日

Believe me, when somebody's in their entrepreneurial mode—being fanatical, inventing new things—the value they're adding to the world is phenomenal. If they invent new technologies, that is an amazing thing. And they don't even have to know how it's going to help people. But it will: in education, medical research, you name it.

優秀な教師の行動

全体の4分の1にあたる教師はとても優秀です。すべての教師を、その4分の1と同レベルにまで高められれば、アメリカは他国より抜きん出ることが可能でしょう。

では、とても優秀な教師がどんなことをやっているか把握するにはどうすればいいか？

彼らがどうやって教室全体を落ち着かせて、どうやって生徒の注意を引きつけているのか？

これまで、その方法を学ぶことにもっと投資すべきだったのです。優秀な教師の行動を評価して、ほかの教師がそれを学べるような仕組みを作るべきですよ。


――『Newsweek』誌　２０１０年12月20日

A quarter of our teachers are very good. If you could make all the teachers as good as the top quarter, the U.S. would soar to the top of that comparison. So can you find the way to capture what the really good teachers are doing? It's amazing to me that more has not been invested in looking at how does that good teacher calm that classroom? How does that good teacher keep the attention of all those kids? We need to measure what they do, and then have incentives for the other teachers to learn those things.

激しさについて

私は激しさを信じる。

——『Hackers: Heroes of the Computer Revolution: 25th Anniversary Edition』２０１０年

I believe in intensity.

あなたが選択肢を選び、強制するほど、子どもたちはそこから離れていってしまうものなのです。

――ポモナカレッジ　２０１１年３月20日

The more you force them by picking your choice, the more they will go away from it.

デジタル読書

私は、世に知られていない本を大量に読む。本を開くのはいいものだが、電子機器を使った読書だって悪くない。今後はデジタル読書が主流になっていくだろう。軽いし、共有だってできる。次第に紙の本を凌駕していくはずだ。

――Mail Online 2011年6月9日

I read a lot of obscure books and it is nice to open a book. But the electronic devices are good as well. Digital reading will completely take over. It's lightweight, and it's fantastic for sharing. Over time it will take over.

子どもたちには、私の財産のごく一部だけ残すつもりだ。彼らは自分で道を切り開くべきなのだ。信じられないような良質の教育を授けられ、その費用だってすべてこちらが支払っている。もちろん、健康上の問題があれば、私たちで面倒を見る。でも収入面については、好きな仕事を選んで働きに出なければならないのだ。彼らは、いまや普通の子どもだ。家のお手伝いをして、お小遣いだって貰う。

――Mail Online　２０１１年６月12日

It will be a minuscule portion of my wealth. It will mean they have to find their own way. They will be given an unbelievable education and that will all be paid for. And certainly anything related to health issues we will take care of. But in terms of their income, they will have to pick a job they like and go to work. They are normal kids now. They do chores, they get pocket money.

音楽について

（ゲイツはレディー・ガガのよさを子どもたちから教わった）でも12歳の子は、9歳の子が悪い言葉が出てくる歌を聴くのをいつだって心配している。「だめ！ その曲は飛ばして！」って。だから、レディー・ガガの曲はいくつかしか知らないんだ。

――Mail Online 2011年6月12日

The 12-year-old is always worried about the nine-year-old listening to songs with bad words. So he's like, "No! Skip that one!" So I only know some Lady Gaga songs.

遺産なんてばかばかしい！私は遺産なんて欲しくない。私たちの投資のおかげで児童死亡数が年９００万人から４００万人に減少したことを知ったら、みんなびっくりするはずだ。

――Mail Online　２０１１年６月12日

Legacy is a stupid thing! I don't want a legacy. If people look and see that childhood deaths dropped from nine million a year to four million because of our investment, then wow!

エネルギー問題への取り組み

（エネルギーの将来にまつわる質問に対して）

かわいらしさを求めたいなら、家で実践するのがオススメだ。屋根にソーラーパネルが設置されているとクールだったりする。でも、エネルギー問題に真剣に取り組みたいなら、砂漠に置かれた大規模な太陽光発電所に目を向けてもらいたい。

――『WIRED』誌　2011年7月

If you're going for cuteness, the stuff in the home is the place to go. It's really kind of cool to have solar panels on your roof. But if you're really interested in the energy problem, it's [massive solar plants] in the desert.

豊かな国は物事に対して余分に支払うだけの余裕がある。医療にだって、エネルギーにだって、食料品にだって、綿花にだって必要以上に支払うことができるのだ。

――『WIRED』誌　2011年7月

Rich countries can afford to overpay for things. We can afford to overpay for medicine, we can overpay for energy, we can rig our food prices and overpay for cotton.

ジョブズの死を悼んで

世界中探したって、スティーブ・ジョブズほど大きな影響を与え、その影響が何世代にもわたって続くような人物なんていない。彼と一緒に仕事ができたことは幸運であり、信じられないほど名誉なことだった。スティーブが亡くなり、とても寂しい。

――Gates Notes 2011年10月6日

The world rarely sees someone who has had the profound impact Steve [Jobs] has had, the effects of which will be felt for many generations to come. For those of us lucky enough to get to work with him, it's been an insanely great honor. I will miss Steve immensely.

なぜ、教育制度の格差に対して人々は怒らないのか？なぜ絶対的な怒りを抱かないのか？毎日のように抗議デモが起こっていいくらいなのに。なぜ公民権運動の時のように盛んな運動がなされていないのか？

――『Ｅｂｏｎｙ』誌　２０１１年10月

Why isn't there outrage, absolute outrage over [disparity in the education system]? Why aren't there protests every day, I don't understand. Why wouldn't this activate people the way that it did during the Civil Rights Movement?

最後までやり遂げる

メリンダと私は、こういったことに実際に携わり、一度選んだことは最後までやり遂げたいと考えている。

――『Reading with the Stars』 2011年出版

Melinda and I get very hands-on and involved in these things, and once we pick something, we like to see it through.

産業というのは、人間のニーズを満たしてこそ価値がある。少なくとも私の考えの中には、新しい産業が必要だという概念はない。それよりも子どもたちが死なないように、人々がよい教育を受けられるようにすべきだ。

――『The Financial Times』紙　２０１３年11月１日

Industries are only valuable to the degree they meet human needs. There's not some— at least in my psyche— this notion of, oh, we need new industries. We need children not to die, we need people to have an opportunity to get a good education.

資本主義礼賛

私は、資本主義を心から愛している。資本主義こそ、私欲をより広大な利益に役立たせるために考案された最高のシステムだ。これぞ飛行機からエアコン、コンピュータまで、何十億もの人々の生活を向上させた、目覚ましい進歩のほとんどを担っているのである。

――『WIRED』誌 2013年11月12日

I am a devout fan of capitalism. It is the best system ever devised for making self-interest serve the wider interest. This system is responsible for many of the great advances that have improved the lives of billions—from airplanes to air-conditioning to computers.

肥料には少しこだわりがある。使うこと自体よりも、その役割に魅了されている。肥料にまつわる本格的な会議にだって出席すれば、肥料の利点や使いすぎの問題について論じた本だって読んだりする。ほとんどの人には退屈な話題だろうから、カクテルパーティーでは話しすぎないように注意してもいる。

――『WIRED』誌　2013年11月12日

I am a little obsessed with fertilizer. I mean I'm fascinated with its role, not with using it. I go to meetings where it's a serious topic of conversation. I read books about its benefits and the problems with overusing it. It's the kind of topic I have to remind myself not to talk about too much at cocktail parties, since most people don't find it as interesting as I do.

進化するテクノロジー

すぐにでもコンピュータやロボットがひとりでに見たり、動いたり、対話したりできるようになるでしょう。多くの新たなアプリケーションが解き放たれ、人々にさらに力を与える時代が近づいているのです。

――マイクロソフト40周年を迎えた時に、ビル・ゲイツが従業員に宛てて送ったメッセージ　２０１５年４月

We are nearing the point where computers and robots will be able to see, move, and interact naturally, unlocking many new applications and empowering people even more.

気候変動

気候変動は起こりつつあり、深刻化する前に実際にイノベーションを起こさなければならない。

――『The Atlantic』誌　2015年11月1日

Climate change is coming, so we need to actually innovate ahead of the negative effects.

気候変動問題は、豊かな国々で解決すべきだろう。中国と米国と欧州がCO_2排出をどうすべきか決めなければならない。

——『The Atlantic』誌　2015年11月1日

The climate problem has to be solved in the rich countries. China and the US and Europe have to solve CO2 emission.

成功と失敗

テクノロジーは好不調の激しいビジネスだが、そのほとんどが「失敗」しがちだ。私はいつだって、自分の技術投資で「成功」するのは10％だと考えるようにしている――だが、成功すれば大きい。そして残りの90％は「失敗」するだろうと見ている。

――『The Wall Street Journal』紙　2019年1月16日

Technology is a boom-or-bust business, but it's mostly busts. I've always assumed that 10% of my technology investments will succeed—and succeed wildly. The other 90% I expect to fail.

これまでメールを読むのに使っていた30分を、ほかのことに使うことができる。その時間でもっと仕事をしようと思う人もいるだろうが、私としてはコーヒーを飲みながら友人と語らったり、子どもの宿題を見てやったり、あるいは地域社会でボランティア活動をしたりといったことに充ててほしいと思っている。

――Gates Notes　2019年2月27日

The thirty minutes you used to spend reading e-mail could be spent doing other things. I know some people would use that time to get more work done—but I hope most would use it for pursuits like connecting with a friend over coffee, helping your child with homework, or even volunteering in your community.

もっと基本的なこと

もちろん、ITは大好きです。でも生活を向上させようと考えるなら、子どもが生きる環境や、子どもたちの栄養など、もっと基本的なことに取り組まなければならないのです。

――『MITテクノロジーレビュー』誌 2019年2月27日

I certainly love the IT thing, but when we want to improve lives, you've got to deal with more basic things like child survival, child nutrition.

ゼロサムゲーム

ゼロサムゲームは戦争だけです。

『MITテクノロジーレビュー』誌　2019年2月27日

The only zero-sum game there is, is war.

恵まれた環境

生まれた国も、受けることができた教育も、ビジネスの仕事についても、自分は非常に恵まれていたと思っている。財団の仕事も素晴らしく、とても興味深い。

――『MITテクノロジーレビュー』誌　2019年2月27日

I've been extremely lucky in the country I was born in, the education I got to have, the business work I got to do, even my foundation work is amazing and interesting work.

インターネットがあって本当によかった。たったいまも驚くべきことが起こっており、それらについて知ることができるのだから。

――TED Interview : Bill Gates looks to the future
２０１９年５月

Thank God for the internet. It helps you keep track of all the amazing things going on.

夢の実現

夢見事だと言われていたことが、いまでは当たり前のように存在している。なかなか素晴らしいことだ。

――TED Interview : Bill Gates looks to the future
2019年5月

It's pretty phenomenal that what was viewed as kind of a silly dream is now so commonplace.

どうすれば、社会貢献の活動を楽しく、自分の人生の一部とすることができるのか？
罪悪感に駆られて行うものではなく、自分の情熱や知識を捧げる対象にすることができるのか？

――TED Interview：Bill Gates looks to the future
２０１９年５月

How do you make [philanthropy] a fun, engaging part of your life, where it's not just a guilt-driven thing, but rather you feel like you're bringing some of your passion and understanding to it?

役割分担

ポール(・アレン)はとても好奇心旺盛な人物で、何が可能かを見抜いていた。私たちの才能を組み合わせることが、何よりも不可欠であるとも理解していた。私は外に出て人を雇うのが好きだったから、この役割分担で魔法のように物事を推し進めることができた。ポールがいなければ、マイクロソフトは存在しなかっただろう。

——TED Interview : Bill Gates looks to the future
2019年5月

[Paul] was a great, curious person and saw what was possible. He also saw that our combination of talents was really necessary, that I like to get out there and hire people and push things in a way that our partnership would be pretty magical. And so, there wouldn't be a Microsoft without Paul.

子どもに大金を与えることは、子どものためにはならない。そのせいで彼らが個人的に世の中にどう貢献し、どんな職業につき、どんななことを成し遂げようとしているのか混乱させてしまいかねない。

――TED Interview : Bill Gates looks to the future
２０１９年５月

It is not a favor to a child to give them gigantic sums of money. It will, if anything, be confusing in terms of what their personal contribution and what their profession is and what they're going to get done.

AIによる生産性の向上

AIによって生産性が上がれば、その余った時間をどう使うべきかというジレンマが生まれますが、それをよいことだと捉えなければいけません。

――CNN Business ２０１９年６月25日

The increased productivity that will come from AI will create dilemmas about what should people do with that extra time, and you've got to consider that a good thing.

メリットがマイナスを上回るように、テクノロジーを形作っていかなければならないのです。

――CNN Business　2019年6月25日

We need to shape [technology] so that the benefits outweigh the negatives.

もちろん、私たちの子どもたちは素晴らしい教育や旅行の機会の恩恵を受けており、その意味においてはとても幸運だったでしょう。しかし周囲の人間からの注目や接し方は不自然なもので問題とすべきこともあったのです。

――CNN Business 2019年6月25日

Obviously, our kids have benefitted from having a great education and an opportunity to travel, and they're very lucky in that sense. Making sure that the visibility or the way people treat them is not unnatural—there are some challenges that come with that.

子どもたちとの時間。科学者との時間。本を読み、物事を理解できている時間。外に出て、財団がやってきたことがどんな影響を与えているか目にすること。気候変動を解決するためのブレークスルーが可能だとする科学者と会うこと。

――CNN Business　2019年6月25日

Time with kids. Time with scientists. Time when I'm reading and things are making sense. Going out and seeing the impact of the foundation's work. Meeting with scientists who think we can make breakthroughs to solve climate [change].

純粋な数学者

純粋な数学者でいることは、自分の運命ではないと思っていた。

――Netflix「Inside Bill's Brain」２０１９年９月22日

I knew being a pure mathematician was not my destiny.

税制について

私は、よりお金持ちの人が、より高い割合で税金を支払うという税制に賛成だ。メリンダと私も含めて、富裕層は現在よりもっと払うべきなのだろう。

――Gates Notes 2019年12月30日

I'm for a tax system in which, if you have more money, you pay a higher percentage in taxes. And I think the rich should pay more than they currently do, and that includes Melinda and me.

財産の引き継ぎ方

莫大な富を子どもに引き継がせる王権体制には弊害しかない。次の世代は、一生懸命働いて経済に貢献しようという意欲を持てなくなってしまうからだ。そんな理由もあってメリンダと私は、自分たちの財産を子どもたちにすべて渡すのではなく、財団を通じてほぼすべてを社会に還元することに決めたのだ。

――Gates Notes　2019年12月30日

A dynastic system where you can pass vast wealth along to your children is not good for anyone; the next generation doesn't end up with the same incentive to work hard and contribute to the economy. It's one of the many reasons that Melinda and I are giving almost all of our wealth back to society through our foundation, rather than passing all of it along to our children.

メリンダと私は、発展の促進にこそ富を費やすべきだと信じてきた。結婚する前から、私たちはマイクロソフトから得た資産を、人々の生活をよりよくするために使おうと決めていた。私たちには、富を社会に還元する義務がある。私たちは、２０２０年も税金、財団、そして個人的な寄付を通じて、その義務に応えていくことを約束する。

――Gates Notes　２０１９年12月30日

Melinda and I believe that driving progress is wealth's highest purpose. Even before we were married, we decided that we would use the resources from Microsoft to make people's lives better. Our wealth comes with an obligation to give back to society, and in 2020, we're committed to continue living up to that obligation: through our taxes, through our foundation, and through our personal giving.

アメリカの所得格差

アメリカの所得格差は、50年前よりもはるかに広がってしまっている。ほんの一握りの人間が多額の報酬を受けている一方で——かく言う私も仕事に対して不釣り合いなほどの報酬を得ている——、多くの人が同じように懸命に働きながらも低賃金に苦しんでいるのだ。

——Gates Notes 2019年12月30日

The distance between top and bottom incomes in the United States is much greater than it was 50 years ago. A few people end up with a great deal—I've been disproportionately rewarded for the work I've done—while many others who work just as hard struggle to get by.

私たちの財団は過去20年間で、合計538億ドルを支出してきた。全体的に見て、そのような達成には満足を覚えるものだが、出したお金がすべて期待どおりの効果を発揮したのか？　答えはノーだ。期待外れや挫折、驚かされるようなこともあった。私たちは、成功だけでなく失敗についても透明性を保ち、学んだことを共有することが重要だと考えている。

――Gates Notes　2020年2月10日

Altogether, our foundation has spent $53.8 billion over the last 20 years. On the whole, we're thrilled with what it's accomplished. But has every dollar we've spent had the effect we've hoped for? No. We've had our share of disappointments, setbacks, and surprises. We think it's important to be transparent about our failures as well as our successes—and it's important to share what we've learned.

バットを振る

フェンスに向かってスイングする時、あなたはできるだけ遠くまでボールを飛ばそうと全力でバットを振る。バットにボールがかすらないこともあるが、大当たりすれば得るものは大きい。

――Gates Notes　2020年2月10日

When you swing for the fences, you're putting every ounce of strength into hitting the ball as far as possible. You know that your bat might miss the ball entirely—but that if you succeed in making contact, the rewards can be huge.

２０１５年、私はＴＥＤの講演で、世界の指導者たちは戦争に備えるのと同じようにパンデミックに備えるべきだと訴えた。シミュレーションを行い、システムの亀裂を見つける必要があると。今年、そのような事態に世界全体が陥った。解決は遠いだろうが、まだ手遅れではない。科学、データ、医療従事者の経験に基づいて正しい判断を下せば、命を救い、国の機能を取り戻せると私は信じている。

――『ワシントンポスト』紙　２０２０年３月31日

In 2015, I urged world leaders in a TED talk to prepare for a pandemic the same way they prepare for war—by running simulations to find the cracks in the system. As we've seen this year, we have a long way to go. But I still believe that if we make the right decisions now, informed by science, data, and the experience of medical professionals, we can save lives and get the country back to work.

よりよい世界へ

グローバル・コミュニティの一員として、あなたの行動は世界に影響を与えることができる。あなたの職業上の目標が何であれ、どこに住んでいようと、誰であろうと、すべての人にとって世界をよりよくするために参加できることが大なり小なりあるはずだ。

――Gates Notes　2020年5月5日

As a member of our global community, your actions can have a global impact. Whatever your professional goals, wherever you live, whoever you are, there are ways, big and small, that you can participate in making the world better for everyone.

人類は、第二次世界大戦以降さらにひどい状況に見舞われながらも、よりよい制度を作り上げ、経済成長を遂げ、技術革新も起こしてきた。（中略）COVID—19を取り巻く状況も後からふり返った時に、そう思えるといい。

——Vox　2020年5月26日

That human ability to take a much worse situation and craft it into the institutions and economic growth and innovation that we've had between WWII and now ... I hope that this (COVID-19 pandemic) looks like that.

社会貢献で目指すこと

私たちも社会貢献をそのように考えています。着実に進歩することが目標ではありません。成功すれば、人々の生活を救い、向上させることができる大きな賭けに、懸命な努力と資源をすべて捧げているのです。

――ビル&メリンダ・ゲイツ財団の年次書簡　2020年

That's how we think about our philanthropy, too. The goal isn't just incremental progress. It's to put the full force of our efforts and resources behind the big bets that, if successful, will save and improve lives.

セレクション

まだまだある、
あの日あの時の
ビル・ゲイツの言葉たち。

1 ファッション

かつて母からどの色のシャツには、どのネクタイを合わせたらいいかとか説明されたものだ。（中略）誰だって、そういった服装については母親の言うことを聞くものだろう。私に関して言えば、やはりファッションのことは母の方が詳しい。（中略）私は、いったん袖を通してしまえば、その日に着ている服なんかに気を配ったりしない。だから周囲の人間が、私がどのシャツにどのネクタイを合わせるか少しでも分かっていることで喜ぶのなら、それでいい。（中略）以前と比べれば少しは詳しくなったが、それでも平均以下だ。

――『Playboy』誌　1994年7月

2 本を書いた理由

私は、自分がどう見られようといった目標は持っていない。『The Road Ahead』を書くことで、私の考え、つまり楽観論やビジネス上の課題、変化に対する考え方などを共有した。人にどう思われたいからという理由で執筆したようなことは一度もない。

――『The Washington Post』紙　1995年12月3日

3 成功はひどい教師

成功はひどい教師だ。賢い人々を惑わせて、負けるはずがないと思わせる。

――『The Road Ahead』 1995年

4 私と正反対な人物

スティーブ（・バルマー）は私の親友だが、彼は私とは正反対な人物だった。私はあまり授業に出ず、学内の活動にも参加しなかったが、一方のスティーブは何にでも首を突っ込み、みなに知られた存在だった。（中略）彼は私をフォックス・クラブに引き入れた。タキシードを着て葉巻を吸いながら酒を飲み、椅子の上に立って話をしたり、ビリヤードに興じるような男性向けクラブだ。とても保守的なクラブだった。

――『フォーブス』誌　1997年1月27日

5 世間の見方

世間とは、１人の人間と会社を同一視しがちだ。それは当然の現象で、私はそのマイナス面もプラス面も享受してきた――マイナス面がほとんどだったが。

――『Newsweek』誌　1997年6月23日

6 目をつぶる

リスクを引き受ける上では、目をつぶらなければならないこともある。若干の不信感を抱きながらも、「よし、この実績のない製品に取りかかろう。ベストを尽くそう」と言ったりするのだ。

――The Costco Connection　1997年11月

7｜物事を前進させるために

私たちは、会社をつぶす可能性があることを承知で毎日出社しているのです（中略）知恵を絞って、大きな変化をもたらすような長期的な研究投資を行い、物事を前進させなければならないのです。

――――――――― サンノゼ州立大学・基調講演　1998年1月27日

8｜マイクロソフトの姿勢

企業の中では、よい知らせはすぐに伝わるものです。「あの得意先を獲得したよ。とんとん拍子にね」なんてね。でもよい知らせというのは、一般にアクショナブルなものではなかったりする。（中略）でもその一方で、悪い知らせはアクショナブルなんです。「この顧客はあまり満足していない。この競合他社は非常にうまくやっている。このプロジェクトは遅れている」といった悪い知らせを受けるのが早いほど、問題点を素早く吸収し、製品計画を変更し、戻って仲間内で話すなどして深く掘り下げることができるのです。誰かから「これこれこういった得意先を獲得しました」なんてメールが送られてくれば、私はこう返すでしょう。「その１つの得意先についてメールで述べているということは、ほかのすべての得意先を失ったということなのでしょうか？　失った得意先があれば、その理由とともに教えてください」とね。それこそがマイクロソフトの姿勢なのです。

――――――――― サンノゼ州立大学・基調講演　1998年1月27日

9 素晴らしい人物

ウォーレンこそ、私のビジネスや経営に対する考え方に最も影響を与えたビジネスリーダーでしょう。長期的な視点で物事を捉え、ビジネスの基本を分析する方法を知っていて、実践していく人物です。彼の手にかかれば、どんなこともシンプルに見ることができてしまいます。もちろん、彼はあらゆる要素を分析し、ほかの誰よりもずっと先を見通してもいる。そこから計り知れないほどの価値が得られるのです。友人としての付き合いも、とても楽しい。ウォーレン・バフェットとは実に素晴らしい人物なのです。

——— サンノゼ州立大学・基調講演　1998年1月27日

10 環境を整える

製品開発を行う場所は、大学のキャンパスのような楽しめる場所であるべきだと私は考えてきた。また小さなチームを使うということは、必要な道具、コンピュータ、個別のオフィスなど必要なものをすべて備えて、彼らがそれぞれの仕事に集中し、クリエイティブになれるように環境を整えることでもある。

——— スミソニアン協会「オーラル・アンド・ビデオ・ヒストリー」2003年

11｜ビジョンを共有する

ソフトウェア業界では、これからどうなっていくか知りたい人々が大勢いて、私たちに話を聞きに来たものだ。私たちは相手がライバルであっても、自分たちのビジョンを共有することを厭わなかったからね。人々と話すことで、彼らにも同じアイデアを持ってもらえれば実現の手助けになると踏んでいたんだ。

――――スミソニアン協会「オーラル・アンド・ビデオ・ヒストリー」2003年

12｜プログラマーを管理する側

スティーブ（・バルマー）は頭がよく、人格者でもあった。だから技術的なバックグラウンドがなくても、プログラマーたちに受け入れられていた。滅多にないことだ。当時の私たちは、プログラマーでない人間が、プログラマーを管理する側に就くなんてとんでもないと思っていた。でも、開発者たちは早い段階で彼を受け入れた。スティーブは賢く、１人１人の話にじっくり耳を傾け、彼らが本当に好きなことを理解していたからだ。

――――スミソニアン協会「オーラル・アンド・ビデオ・ヒストリー」2003年

13｜ウォーレンのほうが

（ブリッジについて）ウォーレンのほうが、私よりいくらか上手《うわて》だ。彼のほうが、プレー時間も長く、週に20時間くらいはプレーしているんじゃないか。私はそんなにはプレーできていない。だが、3、4年後には、いまよりずっと上達しているはずだ。

――『The Telegraph』紙　2004年2月1日

14｜本当に成功して以来

連邦政府とスパム対策のための対話に参加したり、EU本部のあるブリュッセルに行って自分たちの体験を話すなど、援助することには大きな責任が伴うものだ。マイクロソフトが本当に成功して以来、会社がより人に親切に、そしてより優しくなるということをとても重要視している。失敗を重ねながらも学んでいく。私たちは、その失敗を見つめ直すための手腕と知恵を持っているのだ。

――ロバート・スレーター著『Microsoft Rebooted』2004年出版

15｜中国における科学について

中国の人々の間では、科学はエキサイティングで重要なものだという考えが明らかに根付いている――だからこそ、この20年もの間に中国では、私たちの4倍ものエンジニアが卒業しているのだ。

――ラジオ番組「Morning Edition」　2005年4月29日

16 | 親になってよかったこと

親になってよかったのは、長期的な視点が持てるようになったことだ。「この子たちが私の年齢になった時、アメリカはどうなっているのだろう」なんて考えるようになった。また、自分の子どもたちがさまざまな分野に興味を持つようになってほしいとも思っている――無理強いはしないが、彼らには世界がよりよくなるために貢献できるような科学の分野に進ませたいものだ。

――ラジオ番組「Morning Edition」 2005年4月29日

17 | ボノの与える影響

ボノは、自分をよく見せようとしているのではない。実際にこれを読んで、その複雑な状況を案じているのだ。ボノの与える影響はとてつもなく大きい。彼がいなければ、まったく違った状況になっていただろう。

――『TIME』誌 2005年12月26日

18 | 絶対的な富

私たちの絶対的な富が増えないように、物事を根本から徹底的に破壊しなければならないだろう。

――トーマス・フリードマン著『The World Is Flat』 2005年

19 シンプルなものの見方

ウォーレンは清々しく、シンプルなものの見方をする。

――『The Guardian』紙 2006年5月5日

20 政治家になるつもりはない

私は政治家になるつもりなど毛頭ない。選挙で選ばれないだろうし、いまやっていることのほうが得意だからだ。マイクロソフトでの仕事にせよ、財団での仕事にせよ（中略）これからも自分が分かっていることに専念するつもりだ。

――CNBC「The Big Idea」 2006年5月8日

21 ソフトウェアについて

私はソフトウェアについて非常に楽観的です。ソフトウェアの分野こそ最も競争率が激しいはずなのに、そうではない。なぜなのか理解できない。これらの難しい問題に取り組み、魔法のようなデバイスを作って人々に影響を与える以上に面白いことなんてないのに。そうですよね？この30年の間に私たちがやってきたことは、これからの30年でできることに比べれば微々たるものなのです。

――ワシントン大学での講演 2008年4月25日

22｜企業に向けた取り組み

これは決して表に出てこない事実だが、ソフトウェアビジネスは消費者向けよりも企業向けのほうが大きい。マイクロソフトは、労働者の生産性を上げるにはどうすればいいか、IT部門の悩みは何か、企業サイトの開発には何が必要かなど、現実的な問題にも取り組んでいる。また何十年にもわたって、私たちは企業がソフトウェアをどう使って何をするかについて、企業と継続して対話するための能力を培ってきた。私たちは、非常に強いポジションに就いている。

――『PC Magazine』誌　2008年6月23日

23｜化学の講義

誰もが化学の講義を受けてみるべきだ。思っている以上に素晴らしい経験が得られるだろう。中でもMITのドン・サドウェイの授業は抜きん出て素晴らしい。信じられないほどにね。

―― The Seattle Post-Intelligencer　2008年6月23日

24｜子どもの時の読書

子どもの頃は本当にいろいろなことを夢見ていた。それはきっと、本をたくさん読む機会があったからだろう。

――『PC Magazine』誌　2008年6月23日

25｜楽しいビジネスとリスク

これは変化の激しいビジネスだ、私たちは毎年のようにそんな興奮を持ち続けている。リスクを伴うものでなければ、楽しいビジネスとは言えない。

——『Newsweek』誌　2008年6月30日

26｜資本主義下の企業活動

資本主義の優れた企業は、毎朝起きるたびに「どうすれば、もっといい製品ができるだろう」と考える。どうすればもっと安く、もっとシンプルに、もっと早く、もっといい製品ができるだろう、と。優れたライバルがそれに勢いをつける。この業界では、どの段階でも、さまざまな企業が参入してくるものだ。

——CNN　2008年10月5日

27｜不公平をなくすことの象徴

どこに最も大きな不公平があるかを知りたいのなら、物事を世界的な視野で捉える必要がある。つまり、アメリカは多くのものを象徴していると言えるのだ。資本主義社会が推進するイノベーションの象徴であり、政治的自由の象徴だ。しかし、それは不公平をなくすことの象徴でもある。

——CNN　2008年10月5日

28｜相続税

財産を手放さないのであれば、その一部は課税されるべきだろう。相続税をかけるのだ。結局のところ、財産の蓄積は政府の教育制度や司法制度に依存するものなのだ。自分１人で行って、魔法のように地中から金を掘り出すようなものではないのである。

――CNN　2008年10月5日

29｜尊敬する人物

父は行動で模範を示してきた。大学でも難しい政治問題について、戦争に行くこと、偉大な弁護士であることなどを発言していた。（中略）財団の設立に尽力したのも、父だった。私に早くから携わるように勧め、重要な活動に参加させ、現在のような強力なグループを作るために力添えをしてくれ、私がフルタイムで働けるようにしてくれた。そんな父こそが、私が尊敬する人物なのだ。

――The Charlie Rose Show　2008年12月22日

30｜少し悲劇的なこと

米国でマラリアが撲滅され、マラリア・ワクチンが不要になっている事実はほんの少し悲劇的なことだ。なぜならこの問題を解決するために、これだけの優秀な頭脳が働かないことの証だからである。

――『Creative Capitalism』　2008年出版

31｜レコグニション

ビジネスが貧困層に貢献しようとすると、必ずしも利益が出る訳ではない。そのような場合には、市場に基づく別のインセンティブが必要でそれこそがレコグニション（従業員の功績を評価すること）である。レコグニションとは企業の評判を高め、顧客にアピールし、何よりも優秀な人材を組織に引きつける。

――『Creative Capitalism』 2008年出版

32｜会社を救ったスティーブ・ジョブズ

私はさまざまな業界のリーダーたちと仕事をしてきましたが、中でも多くのインスピレーションを示し、会社を救ったのがスティーブ・ジョブズでした。

――CNBCタウンホールイベント@コロンビア大学
2009年11月12日

33｜人生の幸運

一度の人生でこれほど多くの幸運を手にできるなんて、珍しいことだと思います。でもそれこそ、私がこれまでやってこられた大きな要因でもあるのです。

――CNBCタウンホールイベント@コロンビア大学
2009年11月12日

34 | **ライバル**

グーグルにしろ、アップルにしろ、フリーソフトウェアにしろ、素晴らしいライバルがいるからこそ、私たちは気を抜けない。

――――『The Telegraph』紙　2010年2月11日

35 | **エネルギー問題と社会**

石炭火力発電の4分の1のコストで、かつCO_2排出量がゼロのエネルギーが欲しいと言うことは簡単だ。でもそれを実現させるための道筋はいくつもあり、現実主義者なら「ああ、実現させるためには難題だらけだ」なんて言うだろう。また、この問題を簡単に解決できないか考える人もいるが、それは残念だ。なぜなら簡単ではないし、そう考えてしまえば研究開発のための資金調達ができなくなってしまう。社会に悪影響を及ぼすのだ。

――――MITテクノロジーレビュー　2010年9月1日

36 | **1人でしたこと**

試験を受ける以外、私はたった1人で何かをしたことがない。

――――マイケル・D・アイズナー　アーロン・R・コーエン著
『Working Together: Why Great Partnerships Succeed』　2010年出版

37 | ソフトウェアマインド

人は13歳から16歳で、ハードコアな時期、最もマニアックな時期を迎えるものだ。私の場合も、17歳になるまでにソフトウェアマインドは形成されていた。

――『Hackers: Heroes of the Computer Revolution: 25th Anniversary Edition』 2010年出版

38 | オタク（ギーク）

「オタク（ギーク）」……まあ、400ページにも及ぶワクチンに関する本を読み、その長所・短所について学び、実際に自分でも研究してみて、そこで得た知識でもって人々を啓蒙しようとする人のことを「オタク（ギーク）」と呼ぶのであれば、私は間違いなくそうだと認めよう。「有罪」であることを喜んで受け入れたい。

―――― Mail Online 2011年6月9日

39 | 教師との出会い

もしその頃に素晴らしい教師に出会っていなければ、科学や数学がいかにクールなものであるかを知らずにいただろう。実際に、生物の教師は苦手だったために、生物こそ最も興味深い科学かもしれないと気づいたのは大人になってからだった。だが、その頃の私は、生物から遠ざかりすぎてしまっていた。

―――― Black Enterprise 2011年10月

40 「延長日」の提案

学校に「延長日」を設けるのはどうだろう。その日に、数学の勉強についていけない生徒にビデオを見せて、個々の生徒のために作られた練習問題を解いてもらうのだ。指導ペースをテクノロジーで管理すれば、携わるスタッフの人数もぐっと抑えることができる。

―― Ebony 2011年10月

41 順調じゃない

慈善事業をやっていると、物事が順調に進まないことも多い。

――『Reading with the Stars』 2011年出版

42 将来の世代のために

民間市場では、特に富裕層向けに、多くの分野で素晴らしい技術革新が行われています。メリンダと私の財団は、大きな利益獲得機会がなくても、困っている人々にとって非常に大きな影響を与える分野での革新を奨励しています。そのため私たちは、貧しい農家（その多くが女性によって経営されています）の生産性向上を目指して、将来の世代のための土地保全の支援に20億ドル近くを費やしています。

―― ビル&メリンダ・ゲイツ財団の年次書簡 2012年

43 超激情家だった

20代の頃の私は、超がつくほどの熱情家で、とてもせっかちだった。いまはそうじゃないかもしれないが、完全にそれらの性質を捨て去ったわけではないとも思っている。ある意味で、より慎重になったのではないか、そう考えたい。

——『The Financial Times』紙　2013年11月1日

44 測ること

私は人間のありようを改善するために、いかに「測ること」が重要であるかを何度も思い知らされてきました。明確な目標を定め、その目標に向かって前進するための手段を見いだせば、驚くべき進歩を遂げることができるのです。

——ビル&メリンダ・ゲイツ財団の年次書簡　2013年

45 感染の流行を抑える

現実と映画では、まったく違います。ハンサムな疫学者たちが準備万端で突入して、土壇場で勝利を収めるのは、ハリウッド映画の世界だからです。準備を怠れば、さらにひどい流行を招く。エボラ出血熱よりも深刻な惨状となってしまうのです。

——TED Talk　2015年3月1日

46 | 伝染病に備える

いま始めれば、次に恐ろしい伝染病（が流行した時のため）に備えることができる。

——— TED Talk　2015年3月1日

47 | 手の届かない存在

いまだにテクノロジーとは、複雑だったり、高価であったり、単にアクセスできないために、多くの人にとって手の届かない存在であり続けています。

——— マイクロソフト40周年を迎えた時に、ビル・ゲイツが従業員に宛てて送ったメッセージ　2015年4月

48 | 炭素による汚染について

「自分の国はほんの一部なのに、なぜ私が犠牲を払わねばならないのか」と言う人もいる。「ほかの国々が役割を果たすかどうかも分からないのに」と。世界政府は存在せず、幸いなことに世界規模の問題もそう多くない。ほとんどの問題が、局地的に対処されている。それでもこれは、世界的な問題なのだ。炭素は部分的に影響を与える汚染物質ではなく、発生から数日で地球の大気に混ざってしまう。中国の石炭工場だろうが、アメリカの石炭工場だろうが、地球全体に対する加熱効果は同じなのだ。

——— The Atlantic　2015年11月1日

49 | 真に大切なこと

誰かが癌の特効薬を作ったとしたら、それがどこの国のものか気にしたりしないだろう。

——Channel 4 News　2017年4月20日

50 | コードを書く

私はいまでも、とてもタイトなコードを書くことのエレガンスさを懐かしく思う。でもいまでは誰もそんなことはやっていない。メモリもとても大きいので、いまの人たちはかつてよりも肩の力を抜いて取り組むことができる。

——『WIRED』誌　2018年8月31日

51 | 医薬品を届ける

強力な新薬を開発するだけで終わりではない。研究室から病院、診療所、家庭へと、医薬品を必要とする人々の元に届けなければならないのだ。放っておいても、勝手に届けられたりはしない。医薬品を購入し、必要な場所に届けることは簡単で、退屈にさえ感じられるかもしれないが、そうではない。発展途上国で命を救うためには、人里離れた村や紛争地帯に医薬品を届けることが欠かせないのだ。

——『The Wall Street Journal』紙　2019年1月16日

52｜技術を凍結したら

もしいますぐに技術を凍結したら、将来4℃も気温の高い世界に住むことになるのは確実だ。

——— MIT Technology Review　2019年2月27日

53｜自分たちに適した時代

スティーブ・ジョブズや私のような人間は、自分たちに適した時代に生まれました。頑固な面があり、ある種の才能があったために革命を起こすような組織を作ることができたのです。

—— TED Interview：Bill Gates looks to the future
2019年5月

54｜慈善活動の成功

とてもラッキーなことに、私は最高のキャリアを2つも持てている。パーソナル・コンピューティングとソフトウェアの魔法に携われた上に、慈善活動にも関わることができた。慈善活動では、いまやリソースのほとんどを世界の最貧困層の健康——いわゆるグローバルヘルスだ——に費やしており、そこで多くの成功を収められている。

—— TED Interview：Bill Gates looks to the future
2019年5月

55｜ブリッジ

私はブリッジが大好きだ。でもプレーヤーは高齢化していて、若い人の間では人気がない。

――― CNN Business　2019年6月25日

56｜財団の活動の核

すべての人に健康で、生産的な生活を送る機会が与えられるべきだ――これこそ財団の活動の核となっている考え方だ。

――― Gates Notes　2020年2月10日

57｜どこに住んでいようと

あなたはいつだって声を上げ、投票権を行使することで、変化を推し進められるのだ。何者であろうが、路上に住んでいようが、地球の反対側に住んでいようが、すべての人にとってより健康的で、よりよい未来を作る政治的手段を求めてもいいのである。

――― Gates Notes　2020年5月5日

あなたが受け継ぐのは、進歩が可能であることをすでに証明した世界なのだ。戦争から復興し、天然痘を克服し、膨らみ続ける人口を養い、10億人以上の人々が極度の貧困から抜け出すことができた世界なのである。このような進歩は、偶然や運命によってもたらされたものではない。あなたのような人々が、個々の人生やキャリアに関係なく、人類を発展させるという共通の使命に貢献した結果なのだ。

――Gates Notes　2020年5月5日

You inherit a world that has already proven that progress is possible—a world that has rebuilt after war, vanquished smallpox, fed a growing population, and enabled more than a billion people to climb out of extreme poverty. That progress didn't happen by accident or fate. It was the result of people just like you who made a commitment that whatever else they did with their lives and careers, they would contribute to this shared mission of propelling us all forward.

編者　リサ・ロガク（Lisa Rogak）
ニューヨークタイムズのベストセラー作家。40冊以上の本と何百もの新聞や雑誌の記事を執筆。ニューハンプシャー在住。

訳者　西川知佐（にしかわ・ちさ）
1984年、広島県生まれ。東京農業大学卒業。ノンフィクションからゲームシナリオ、映像資料などの翻訳を手がける。訳書に『1日5分呼吸を描くと心が落ち着く』（小社）、『ウィメン・ウォリアーズ はじめて読む女戦記』（花束書房）、『世界は女性が変えてきた：夢をつないだ84人の勇者たち』『自分のこころとうまく付き合う方法』（ともに東京書籍）、『THE IMPOSSIBLE CLIMB　アレックス・オノルドのフリーソロ』、『ALL BLACKS 勝者の系譜』（ともに東洋館出版社）などがある。

ビル・ゲイツの生声
本人自らの発言だからこそ見える真実

2023年3月14日　第1刷発行

編　者　リサ・ロガク
訳　者　西川知佐

装　丁　戸倉巌（トサカデザイン）
本文デザイン　高橋明香（おかっぱ製作所）
本文DTP　有限会社天龍社
編集協力＋校正　日本アイアール株式会社
翻訳協力　株式会社アメリア・ネットワーク
編　集　麻生麗子＋平沢拓＋関美菜子（文響社）

発行者　山本周嗣
発行所　株式会社文響社
〒105-0001
東京都港区虎ノ門2-2-5　共同通信会館9F
ホームページ　https://bunkyosha.com
お問い合わせ　info@bunkyosha.com
印刷・製本　中央精版印刷株式会社

ISBN 978-4-86651-610-3

この本に関するご意見・ご感想をお寄せいただく場合は、郵送またはメール（info@bunkyosha.com）にてお送りください。

提供：写真：AP/アフロ（P.13、37、149、205）、写真：ロイター/アフロ（P.59、233、255）、写真：東洋経済/アフロ（P.91）、写真：BENAINOUS ALAIN/GAMMA/アフロ（P.117）、写真：Press Association/アフロ（P.175）